こうして、思考は現実になる

パム・グラウト［著］　桜田直美［訳］

2

サンマーク出版

「自然の問題について討論するなら、聖書に書かれていることではなく、
実験と実証から始めるべきである」
——ガリレオ・ガリレイ　イタリアの天文学者

ニューヨークタイムズ・ベストセラー著者　ガブリエル・バーンスタイン

推薦文

あなたが引き寄せの経験者でも、またはまったくの初心者でも、思考の力をもっと強く信じたいと思っているなら、本書はまさに必読書だ。

この本に登場する実験は、効果抜群というだけでなく、簡単にできるし、やっていてとても楽しい――それが、この本のいちばんいいところだ。

「引き寄せの法則」という宇宙の自然な秩序を信じれば、自分には、自分の望む現実を創造する力があるという事実を受け入れられるようになるだろう。

そして、それを受け入れたとき、人生は本当の意味で輝きだす。

思考の力を使って理想の人生を作るのは、魔法ではない。誰でも身につけられる、一つのスキルだ。私たちの中に眠っている偉大な力、すなわち思考とエネルギーを活用するとき、あなたはぞくぞくするようなスリルを味わうだろう。

パム・グラウトの前著、『こうして、思考は現実になる』を手に取った瞬間、これはすばらしい贈り物だということを確信した。FPの力を信じる気持ちを、さらに強めてくれる贈り物だ。

『こうして、思考は現実になる』の最初のほうで、FPに意外な贈り物をお願いするという実験が紹介されている。パムが言うには、実験を始めてから四八時間、意識を集中して贈り物を探さなければならない。目をこらして探せば、宇宙の小さなウィンクに気づくことができる。それに気づけば、自分がいつも宇宙に助けられていることがわかるという。

私が実際に贈り物を受け取ったのは、実験を開始してから三八時間後のことだった。

そのとき私はトロントにいて、四〇〇〇人以上もいる聴衆たちの前でスピーチをしていた。あの日のスピーチはわれながら最高のできだった。

スピーチが終わると、急いで控え室に戻って荷造りをした。すぐに空港に向かわなければならなかったからだ。そのとき、講演者のほとんどはもう帰ったか、または帰ろうとしているところで、控え室には、私を含めて三人しか残っていなかった。

コートを着て部屋を出ようとすると、部屋にいた男性がテーブルの上にあった〝何か〟を手に取るとこう言った。

「ねえ、これはきっと、きみのものだと思うよ」

その男性がわたしてくれたのは、天使の羽の形をしたチャームで、裏に「Believe（信じる）」という文字が刻まれていた。

見た瞬間、これが宇宙からの贈り物だとピンと来た。

FPは、それぞれの人が大切にしているものと関連のある贈り物を届けてくれるだろう。私はいつも天使の存在を身近に感じていたので、羽の形は私にとってとても大きな意味がある。さらに、天使の羽はたしかに私にとって大切なものだけれど、「Believe」という言葉にも、同じくらい大きなインパクトがあったのだ。

なぜかといえば、FPからこの贈り物を受け取ったのは、ちょうど私の新しい著書が出てまだ一週間もたっていないときだったからだ。私は不安にかられていた――「本当に、すべてうまくいくだろうか？」という思いを消し去ることができなかったのだ。

そんなとき、「信じなさい」という天使からのメッセージが届いた。

あれは、「今、進んでいる道は正しい」という紛れもない証拠だった。**この実験のおかげで、宇宙はいちばん助けが必要なときに必ず現れてくれるのだと、あらためて確信する**

ことができた。

私はエネルギーと意図の力の関係や、引き寄せの法則の勉強をずっと前から続けている。しかし、そんな私でも、ＦＰの導きの奥深さを忘れてしまうことがある。

ＦＰのエネルギーはいつでもそこにあり、ただ私たちが気づくのを待っているということを、ついうっかり忘れてしまうのだ。

心と体に染みついた恐怖をぬぐいさり、奇跡が存在することを思い出す――それが、私たちに与えられた課題だ。そして、**奇跡を体験する能力を磨きたいと思っているなら、このパム・グラウトが最高の先生になってくれる**だろう。

私にとって、パムのいちばん尊敬するところは、人々が固定観念を捨てて奇跡を信じるようになるために、全力をあげて取り組んでいることだ。

パムは引き寄せの達人で、彼女自身が教えていることの生きた証拠でもある。そして、最新作である本書では、私たちの「奇跡を起こす精神」を、さらに高いレベルにまで引き上げてくれる。

祝福と奇跡はいつでもそこにあり、次から次へとノンストップで流れてくる。それに気づかずにいるのは、ただ単に間違った場所ばかり見ているからだ。

今よりも少しだけ「探そう」という意思を持ち、今よりも少しだけ目を覚ませば、驚くようなことが起こるだろう。

この本の実験を行って、目の覚めるような体験をしよう。
豊かさとシンクロニシティの流れに包まれよう。

楽しく読み、楽しく実験し、そしてパムの導きにすべてをゆだねる——そうすれば、きっと奇跡が起こるだろう！

はじめに

あなたには、思い通りの人生を作る力がある

妊娠七か月目を迎えたある日、私は、いちばん新しいボーイフレンドから、一緒に住んでいたコネチカット州の片田舎にある家を追い出されたばかりだった。

その当時、何人もの男性と付き合っては別れることをくり返していた私は、「将来成功しそうな人」と思われるようなタイプからはもっとも遠い存在だった。

お腹《なか》の子供はどんどん大きくなっていくのに結婚もしていないし、今日これからどこへ行ったらいいのかすら、見当もつかないありさまだった。さらに悪いことに、七月の半ばだというのに、追い出された家から持ち出した家財道具をすべて詰め込んでいた小さな青い車のエアコンは壊れていた。

平均気温三八度という猛暑の中、私はその車に乗って、アメリカ大陸の反対側に向けて出発した。目的地は特に決まっていなかった。

――間違いなく、何かを変えなければならない状況だ。

後に私が熱心に学ぶことになる「奇跡のコース」によると、どうやらこの惨めな状況の責任はすべて私にあるらしい。今の私が、大きな愛に包まれていないのも、無限の豊かさを手に入れていないのも、私の意識が「世界は悪いことだらけだ」という大きな勘違いをしているからだというのだ。

私が頑固な思い込みをすべて捨てれば――つまり、「あの男は最低だ」という恨みや、世界の仕組みについて勘違いしていることをすべて捨てれば――私はすぐにでも、本当の幸せを手に入れられるという。

簡単に言うと、「奇跡のコース」は、私の人生を根底から変えようとしていたのだ。
しかし私も、簡単に降参したりはしなかった。
コースの教えを相手に、頭の中でこんなやり取りをくり返した。

私―「でも、私には何か問題があるの。きちんと解決しなくちゃ」
コース―「問題のことなんて忘れるの！」

私―「でも、物事には正しいことと間違っていることがあるでしょう?」
コース―「自分が何でも正しく判断できると思うのはやめなさい」
私―「でも……でも……」

こんなやり取りを何百回もくり返しながら、ほんの少しずつではあるけれど、私は自分の思い込みや、昔の思考回路を手放していった。

自分に、ここまで悲惨な人生を作る力があるのなら、楽しい人生を作る力だってあるはずだということが、だんだんとわかってきたのだ。

実際、「奇跡のコース」は手加減というものを知らなかった。「完璧な平和と、完璧な喜びは、あなたの生まれながらの権利です」とまで断言したのだ。

ただし、私が思い込みを捨てさえすれば、の話だが。

私―「でも、思い込みを捨てるのは、すごく難しそうです」
コース―「難しくはありません。それがあなたの自然な状態です。ただ、多くの人が知っている『常識』とは大きく違うというだけです」

そして、本書に書いてあるのもそういうことだ。この本は、**自分が捕らわれている精神の牢獄《ろうごく》に鉄球をぶつけ、こなごなに破壊することを目指している。**

鏡に映った「これまでの自分」のことはすっかり忘れてしまおう。あなたがこれから見つめるのは、無限の可能性に満ちたフィールド、すなわちフィールド・オブ・ポテンシャリティ（ＦＰ）だけだ。

「思考」で手に入る、たくさんのもの

私が出版した『こうして、思考は現実になる』は三〇以上の言語に翻訳された。**ニューヨークタイムズ・ベストセラーリストに二〇週間も入り、一位になったことも何回かある。**

それに加えて、世界中の読者から声が届いている。中にはまったく読めない言葉で書かれたメッセージもあった。ともかく、この本が好きだと言ってくれていることは間違いなさそうだ。

私のところには、メールやフェイスブックを通じて毎日のようにメッセージが届いている。表現は違えど、言っている内容はほぼ同じ。

「超びっくり！　本当に成功した！」だ。

『こうして、思考は現実になる』で説明したスピリチュアルの原則は、新しいものでも何でもない。もう何百年も前からくり返し言われてきたことだ。でも、手軽に実験できる形で紹介したのは、あの本が初めてだろう。そもそも、実験で証明するというアプローチも初めてだった。

もちろん、私の人生でも、あの九つの法則が活躍してくれている。**私は九つの法則を活用して、世界中を旅したり、五つ星のホテルに泊まったり、魅力的な人たちと出会ったり、そして必要になったらお金をひねり出したりもしてきた。**

でも、他の人の人生でも同じことが起こるかどうかははじめはわからなかった。しかし、いろいろなインタビューでも言ってきたように、読者からこんなにたくさんの体験談が届いた今となっては、もうこれらの法則を疑おうという気持ちなんてまったく起こらない。むしろ、「法則は正しい」という確信がますます大きくなった。

私のところには、毎朝とても読みきれないほどのメールが届く。世界中の新しい友人たちが、**恋人ができた**とか、**予想外の臨時収入があった**とか、とにかくありとあらゆるうれしい報告を届けてくれる。私にとっていちばんうれしいのは、最初は半信半疑だった人たちが、「限界」も「不足」も単なる作り話だということをついに理解して、宇宙の力を信じるようになったという報告だ。ある読者は、「**自分の中の腐った部分が大打撃を受けた**」という表現を使っていた。

うれしい報告を読むのがあまりにも楽しかったので、最近の私はいつもニコニコと笑顔だった。しょっちゅう右のこぶしを突きあげていたので、右腕がすっかり筋肉モリモリになってしまった。この本が出たら、今度は左のこぶしを突きあげることにしよう。

写真も届いた。「不思議な偶然」の物語も届いた。そして、宇宙の力はたしかに存在するという、動かぬ証拠も届いた。

宇宙の力はいつでもそこにいて、私たちが追いつくのを待っている。喜びや幸福のために、ついにその力を活用するようになるのをずっと待っている。蝶《ちょう》を見つけたという報告だけでも、議会図書館がいっぱいになりそうだ。

（蝶が何のことだかわからない人のために説明すると、前作の『こうして、思考は現実になる』に登場する「フォルクスワーゲン・ジェッタの法則」で、蝶を探すという実験があった。これは、「あなたはFPに影響を与え、自分の信じていることや期待していることをFPから引き寄せる」という法則を証明するための実験だ）

砂漠の真ん中でパイの飾りになっている蝶を見つけた人もいれば、トイレットペーパーの模様が蝶だったという人もいる。他にも、病院の診察室や、カジノのスロットマシーンなど、とにかくいろいろな場所で見つかったという報告が届いた。「蝶ばかり見て困るんです。どうしたら見なくなりますか？」というメールも何通か届いたほどだ。

実験の体験談をここで紹介すれば、『こうして、思考は現実になる』のちょうどいいおさらいにもなるだろう。ここでは特別に、日本の読者から届いた感想をお届けしよう。

とってもよかったです！　自分の可能性が一気に広がりました！　この本に書いてあるような知識をたくさんの人が知ってくれたらいいなと思います。**おかげで私の人生も変わりました。**本当に感謝しています。（16歳・女性・高校生）

この手の本は何冊も読んでいるが、この本は今まで読んだものとは違う！　と思いました。四八時間以内に体験するというところが画期的。**さっそく「実験」をしてみたら、臨**

時収入があったりして、確実に結果が出ました！（55歳・女性・アパレル勤務）

ちょうど自分が将来を考え、長年勤めた会社を退職し、これからどうするか、自分に何ができるか、才能はどう開花して、好きなことで収入を得られるかを考えていたので、**「自分の願いはかなう」と確信の持てる貴重な出会いとなりました。**（31歳・女性・会社員）

やり方が大変わかりやすく書かれていて、**永年の疑問が氷解した。**（72歳・男性）

思考を現実にする実験が大変おもしろかったです。ウソのように実験が成功して……鳥肌が立ちました。**こういった本は何冊も読みましたが、これが最後になりそうです。**（48歳・女性・会社員）

これまでの自己啓発、成功本にはないスタイルのすばらしい本だと思います。ただの情報のまとめではなく本当の真理のように思います。（32歳・男性・会社員）

実際に体験して、驚くほどの実現に圧倒されました。まだまだ初心者ですが、**高年齢に**

関係なく将来が楽しみになってきました。（79歳・男性）

この本はレベルが違う！　違いすぎる!!　こんなに短時間で効果が実感できるのにも驚いたが思った以上のサプライズが返ってきたのには鳥肌が立った。本当に「すごい！」以外の言葉がない。この本に出会えてよかった。（36歳・女性・公務員）

一気に読んでしまいました！　この本は、当たり前のことが書いてある「教科書」ではなく、解き方をわかりやすく書いてある「教科書ガイド」のようだと思いました。「洋菓子をたくさん食べたい」と実験してみたら、四八時間で、姪の赤ちゃんの内祝いで、菓子が届き、びっくりです。（50歳・主婦）

「運をよくする」とか「思考が現実になる」といった本を数えきれないほど読んできましたが、今まで一度として現実になったことがなく、新聞で本書のタイトルを見たとき、この本で最後にしようと購入しました。

今まで読んできた本と違い、願いはかなうと信じさせてくれるものでした。購入して四週間ほどですが、二つの願いが実現しました！　小さな願いでしたが実現したことにドキ

ドキしています。これから本当に楽しく過ごせそうです。ありがとうございます！（36歳・女性・販売員）

本に書かれていた実験で、かなり高いレベルで思考が現実になりました。読みやすく、役に立つので、五回は読み直すと思います。（48歳・男性・教員）

本書は「手放す」力をあなたに与える

この本は書店の「自己啓発」のコーナーに並べられることになるだろう。それでもかまわない。でも本当のところ、この本はむしろ「自分で自分を啓発するな」と言っている。「自分で勝手に決断するな」「自分がいちばんよくわかっていると思い込むな」と言っている本だ。

この本のメッセージは、手放すことだ。

古い思考回路を手放そう。そして、愛にあふれ、大きな力を持つエネルギーにすべてをゆだねる。その力は、あなたが今までに見た何よりも大きく、大胆で、明るく、そしてそう、何よりも奇妙な存在だ。

この神聖なエネルギーこそが、人生そのものだ。

私たちがどんなにたくさん心の壁を築いても、どんなに悲惨な人生を送っていても、宇宙のエネルギーはいつでもそこにいる。

そして、いつでも両手を広げて、私たちを迎え入れてくれる。

こうして、思考は現実になる②

もくじ

ニューヨークタイムズ・ベストセラー著者　ガブリエル・バーンスタイン　推薦文……2

はじめに

あなたには、思い通りの人生を作る力がある……9
「思考」で手に入る、たくさんのもの……12
本書は「手放す」力をあなたに与える……18

第一章　**世界の「大嘘」を見抜き、思い通りの世界を手に入れよう**

世界はあなたに「大嘘《おおうそ》」をついている！……34
いち早く身につけるべき「ワールドビュー2・0」とは？……35
「敗北の眼鏡」で見た世界を信じるな！……37
本気で世界を変えるために、手放すべきもの……40

「思考」の使い方を間違うと、人生の犠牲者になる……43
思考が引き寄せるものにご用心……45
私たちが知らなければならない、二つのこと……46
「神様のこと」をいちばん知っているのは誰だろう？……48
赤ちゃんに「絶対に教えてはいけないこと」……49
あなたからスーパーパワーを奪う、不思議なプログラム……51
もっとも信じてはいけない、一二個の「嘘」……54

第二章 「思考は現実になる」を日常で活用するための九つの実験

「あなたの思考」は、「あなたの人生」で現実になる……73
現実世界は、どんな実験室よりもおもしろい……75
楽しめば楽しむほど、実験はうまくいく！……78
もう、これ以上知識はいらない――必要なのは「実践」だ……81
ＦＰグループのルール……84

実験１「朝いちばんの力」の命題

人生を変えるために、まず変えるべきもの……86
「朝いちばんの習慣」を変えると、人生は劇的に変わる……89
あなたの人生を暗くする「思い込み」の力……91
あなたの持つスーパーパワーを「証明」しよう……93
人生を劇的に変えるためのエクササイズ……95
実験で大切にするべき、たった一つのこと……96
腰痛に襲われて得た、大きな気づき……98
どんな脳トレよりも効果的な「ストレスの減らし方」……99
実験1の取り組み方……103
［実験レポートシート］……109

実験２ 赤い薬の命題

さあ、神様を楽しませよう！……110
失ってしまった「直感の力」を鍛え直そう……112

宇宙からの情報は、すでにあなたのそばにある……114
ベストセラー作家を生み出した、驚くべき「お告げ」……116
新しい人生を始めるのに、遅すぎることなんてない……119
プラム・プディングの不思議な奇跡……120
実験2の取り組み方……130
［実験レポートシート］……133

実験3 「自分の物語」の命題

自分を苦しめる「思い込み」とは?……134
「問題をなくそう」と思うほど、問題は増える……138
「自分の物語」の持つ、強い力……140
「現実」は、人によってまったく違う!……142
「たった一つの正しい答え」は存在しない……143
実験3の取り組み方……148
思い込みを手放す「証拠」の探し方……149
［実験レポートシート］……151

実験4 「私はすべてを愛している」の命題

なぜ「あの人」は嫌な人なのか？……152
愚痴を言ってはいけない、本当の理由……156
人生のどんな状況でも叫ぶべき、「ある言葉」……158
なぜ、人生には「問題」や「苦痛」が起こるのか？……161
つらい出来事が運んでくれる「人生の奇跡」……163
実験4の取り組み方……167
［実験レポートシート］……169

実験5 「お金の大嘘」の命題

お金が手に入らない原因はこれだ……170
お金にまつわる一〇の大嘘……172
お金にまつわる六つの新しい常識……178
実験5の取り組み方……188
実験5－1　お金のなる木の種を蒔《ま》く方法……189

実験5－2　天国からの一円玉……192
とにかく、「興奮」するだけでいい……195
［実験レポートシート］……196

実験6　新月からのメッセージの命題

本当に知的な人が「気にしていない」こと……197
正しい情報に集中するだけで、人生は喜びにあふれる……200
告白……201
自然からのメッセージを正しく受け取る方法……205
自然との信頼関係を取り戻そう……209
自然と一体になれば、すべての問題は解決する……211
実験6の取り組み方……212
［実験レポートシート］……215

実験7　予言者の命題

思考の次にコントロールするべきもの……216

成功している人たちは「言葉」の使い方を知っている……219
宇宙は、マクドナルドの店員と同じ!?……221
更年期障害に打ち勝つためにやっている、ある秘策……223
鏡の正しい使い方……225
実験7の取り組み方……230
【実験レポートシート】……232

実験8 プラシーボ効果の命題

人生に苦労が多いのはなぜだろう?……233
あなたは、強力な魔法を台無しにしている!……235
催眠術にかかった人が、ノート一冊も持ち上げられないワケ……237
薬よりも効き目がある「思考」の力……239
濃厚ミルクシェイクを飲んでも太らない方法……241
実験8の取り組み方……246
【実験レポートシート】……248

実験9「やった！　月曜日が来た！」の命題

宇宙の真実へ続くドアを開けよう……249
たった一文字の違いが、人生に大きな変化を与える……251
奇跡を起こす六つの思考パターン……255
実験9の取り組み方……264
【実験レポートシート】……267

おわりに……269
謝辞……277
訳者あとがき……279

装丁・本文デザイン　轡田昭彦＋坪井朋子
カバー写真　©RYUICHI SATO/orion/amanaimages
翻訳協力　オフィス・カガ
編集協力　株式会社ぷれす
編集　武田伊智朗（サンマーク出版）
池田るり子（サンマーク出版）

第一章

世界の「大嘘」を見抜き、思い通りの世界を手に入れよう

神：またの名を無限の可能性のフィールド、FP、宇宙、神聖なるスピリット

あなたの考えていることはわかる。

きっと乱丁本をつかまされたと思っているだろう。だって、文字が逆さまに書かれているのだから……いや、それとも、後ろから前へ書かれているのだろうか？

もしかしたら、あなたはクスクス笑っているかもしれない。

「いったい誰がこんなヘマをしたのだろう？　出版社さんかな？　印刷屋さんかな？　それともまさか、あの愛想のいい本屋の店員さんだろうか？」

それではここで、まだ三段落目ではあるけれど、いきなり謎解きをしてしまおう。

このページはわざと上下逆さまになっている。わざわざ頼んで逆さまにしてもらったのだ。

なぜかというと、このほうが言いたいことがはっきり伝わるからだ。

世界はあなたに「大嘘《おおうそ》」をついている！

ここで警告しておこう。もしあなたが、この上下逆さまのへんてこな本を読みつづけるなら、次に逆さまになるのはあなたの世界観だ。

電車の中やカフェでこの本を読んでいる人は、まわりの目が気になってしょうがないだろう。「うわあ、あの人、本を逆さまに持っているよ。字が読めないのかな」と思われたらどうしようと心配しているに違いない。

そんな人には、この本を読み進めるために大切な、次の二つのことを言っておきたい。

❶ 他人の考えは気にしない

他人の考えを気にするのは古い思考パターンの一つであり、そんなものは今すぐに近くのドブに捨ててしまおう。むしろ、ページをめくって、新しい考えにぶつかるたびに、にやりと笑い、ガッツポーズを取るぐらいのことをしてもらいたい。

自分が考えたいことだけを考え、他の人の考えなんか気にしなくなること。それが、最高の自分に到達する近道だ。

2 大切なのは「あなたが」どう考えるかということだけ

これはまさに、文字通りの意味だ。あなたが考えることが、あなたの現実になる。そしてこの本は、まず何よりもあなたの思考を向上させることを目指している。つまり、意識のアップグレードだ。

この本の目標は、これから説明する「ワールドビュー2・0」をいち早く身につけることだ。私たちの誰もが、いずれは新しい現実を受け入れざるをえなくなる。それならば、早く始めるにこしたことはない。

いち早く身につけるべき「ワールドビュー2・0」とは？

ワールドビュー2・0とは、簡単に言うと、今の常識とはまるっきり正反対の考え方のことだ。ワールドビュー2・0には、次の二つの大きな原則がある。

❶ エネルギーの世界は、この世に存在するすべてのものの土台になっている

すべてのものはエネルギーでできている。

エネルギーは、見ることも触れることもできず、味もしなければ匂いもしない。どんな形にもなる、水のようなものだ。

科学者たちは、今からおよそ一〇〇年前に、すでにこのエネルギー網（「フィールド」と呼ばれることが多い）の存在を発見していた。しかし、あまりにも理解を超えた存在だったため、今でもその力を自分のものにしている人はほとんどいない。

エネルギーの発見から一〇〇年たった現在でも、たいていの人は相変わらず物質的な世界しか見ていない。この世とは無味乾燥で機械のようなものだと頑固に信じ込んでいる。そのため、スピリチュアルの知識に関しては、いつまでたってもオムツが取れない状態だ。

ほとんどの人は、スピリチュアルの世界を実際に見ることはできない。しかし、その目に見えない世界が、果てしなく巨大な意識と私たちをつなげてくれている。その意識を使えば、何の制限もなく、どんなものでも創造することができる。

2 誰でも幸せになれる

実際のところ、すべての偏見を取っぱらって見る本当の世界は、あなたの考える世界とは似ても似つかない。あなたが「現実」だと思っている世界は、実は頭の中で勝手に作った映画のセットのようなものだ。

あなたの目に世界がどんな姿で映っていようとも、何の偏見も加えられていないありのままの世界は、まさに可能性のかたまりで、純粋で完璧な愛でできている。エネルギーの世界では、すべてが協力的で、ユーザーフレンドリーで、ウィン・ウィンだ。

「敗北の眼鏡」で見た世界を信じるな！

人間の無知が、問題と恐怖だけに注目する世界観を生み出した。

私たちは、まだ起こってもいない問題から自分の身を守ることに必死になっている。私たちの意識は、無限の可能性を持っている。それにもかかわらず、いつでも、最悪のシナリオを思い描くことに、意識の力を無駄づかいしてしまっている。

私たちが未来の心配をするたびに、宇宙からのサインや無限の可能性との間には深い溝ができる。そして、ただ私たちの喜びのためだけに存在する、純粋な愛からはどんどん切り離されてしまうのだ。

私たちは、真実の地図を捨てて、ネガティブな世界観から生まれる嘘の地図を信用しているようなものだ。

そして、実際にネガティブな出来事が起こると、自分の正しさが証明された気分になる(私たちが心配しているかぎり、ネガティブな出来事は絶対に起こる。なぜなら、どんなに本来の姿から外れてゆがんでいても、意識にはそこまで大きな力があるからだ)。私たちは顔をしかめ、そして、「ほらね、思った通りだ」と考える。

でも、**ワールドビュー2・0では、「人生は最低で、しかも最後には死んでしまう」というおなじみの世界観が、実は単なる作り話にすぎないことが明らかになる。**

人類はずっとこの「大嘘」を自分たちに信じ込ませてきた。いったい、いつからだろう……四万年前ぐらいだろうか？

私たちはごく幼いころから、灰色の色眼鏡をかけ、敗北と苦痛のレンズを通して世界を見るように教えられる。人生に問題を見つけるとほめてもらえる。

人生でいいことを期待したり、最高の結果を想定したりすると、「現実を見ていない」から危険だと警告されてしまう。楽観的すぎたり、幸せすぎたりすると、かえって白い目で見られてしまうのだ。

人の人生を明るくすることが仕事のセラピストまでも、つらい過去を掘り起こし、意識のクローゼットの中に隠している白骨死体を直視しなさいと言ってきたりする。自分がどこでつまずいているかを見つけ、自分の苦しみを理解すると、セラピストは「よくやったね」と言って、背中をぽんぽんと叩《たた》いてくれる。

でも、そんなところで見ている世界は、ちまたで流行《はや》りのゾンビ映画と同じくらい、本当の現実とはかけ離れているのだ。

本気で世界を変えるために、手放すべきもの

私は『こうして、思考は現実になる』の中で、「どんないいことが起こるだろう」という視点で世界を見てほしいと言った。

たいていの人は、「何がうまくいくかな、何がうまくいかないかな」という視点で世界を見ている。その視点を一八〇度変え、まったく新しい世界観を手に入れるための訓練方法を紹介した。

そして本書では、あなたの視点はさらに大きく飛躍することになる。

ワールドビュー2・0を手に入れると、人生はあふれんばかりの豊かさと喜びに満ちているということがすぐに理解できる。

「自分の幸せを追い求めなさい」という言葉は、ただの標語ではない。むしろ、実際的な人生の行動プランだ。もし、自分の幸せを追い求める人生を送っていないのなら、それは

何かが間違っているということになる。日常的に魔法が起こっていないのなら——毎朝、目を覚ました瞬間から情熱とやる気に満ちあふれていないのなら、あなたは自分から映画の中のゾンビになっているようなものだ。

この本は、古い思考パターンが役割を終えたこと、そしてこれからは新しい時代がやってくることを証明する。

必要な準備は、一つだけだ。私たちはただ、悲劇の主人公になるのをやめればいい。そして、現実だと思い込んでいるものが、実はゾンビ映画と同じようなもので、退屈で、同じことのくり返しで、まったく必要のないものだということに気づけばいいだけだ。

そのために、**この本を読むあなたには、第二章に登場する九つの実験をする間、古い常識、「ワールドビュー1・0」を脇に置いてもらうことになる。**少なくとも実験に必要な三〇日間は、今までの思い込みや、今まで絶対だと信じていたことをいったん忘れてもらいたい。

この本が生まれるきっかけになった『こうして、思考は現実になる』の中で私は、エネルギーは自分が意図した通りの形になって現れると指摘した。つまり、何かをはっきり意図しなければ、世界は永遠に、あなたが指示を出すのを待ちつづけているということだ。

そして、限界意識を持ったままでは、宇宙の持つ無限の豊かさをフルに活用して、すばらしい人生を創造することはできない。

たいていの人は、ちっぽけで、恐ろしい現実を創造してしまう。そして、まさかこれが、自分が勝手に作りあげた現実だなんて思ってもみない。この現実にあまりにも慣れ親しんでいるために、これ以外の現実が存在するわけがないと思い込んでいるのだ！

でも、それは違う。**私たちが「現実」だと思い込んでいるこの暗くてつらい世界は、私たちの「ネガティブ」な気持ちが創造したものだ。**だから、まったく別のすばらしい世界を作ることも可能なのに、「ネガティブ」が巧妙に「唯一の真実」のふりをして、すっかり当然のような顔で居座っている。

それに慣れきってしまったため、まるでハリー・ポッターに登場する透明マントのように、その「ネガティブ」は私たちの目には見えなくなっている。

「思考」の使い方を間違うと、人生の犠牲者になる

私たちは量子の時代に生きている。量子の恩恵のおかげで、地球の反対側にいる人にも瞬時にメールを送ることができるし、レーザー光線だけで網膜剝離《もうまくはくり》の治療ができたり、スマートフォンを片手で操作するだけでお得なクーポンをゲットできたりする時代だ。

この新しい量子の時代が始まってからもう一世紀はたつのに、意識のほうは昔とちっとも変わっていない。驚異的な力の存在が明らかになったのに、自分の人生で活用することすらしていない。その代わりに何をしているかというと、せっかくの思考の力を使って、自分を犠牲者にしているのだ。つまり、人生につらいことがたくさん起きるせいで、自分はひどい目にあっていると思い込んでいるのだ。

もちろん、思考にまったく力がないのであれば、こんな間違った考え方をしていても何の問題もないだろう。

しかし、実際は、私たちの思考にはとてつもなく大きな力がある。

たとえるならば、思考は無線信号と同じだ。思い込みや期待を量子フィールド（またの名を可能性のフィールド、すなわちＦＰ）に送り出し、それとまったく同じ周波数を持つものを自分の人生に引き寄せている。

実際に、量子物理学の世界では、何かを見るときに、その見る対象に影響を与えないのは不可能だということが証明されている。それは「観察者効果」と呼ばれていて、今まで常識だと思っていた世界の仕組みを根底から覆すような考え方だが、よく考えてみればとてもワクワクする考え方でもある。なぜなら、次のようなことを意味するからだ。

・私たちが現実だと思い込んでいる三次元の世界にしばられる必要がなくなる
・私たちは無力な犠牲者ではない
・宇宙という応援団が、ただ私たちが参加するのを待っている

目に見える「外側」の世界は、「内側」にあるものを反映した姿に他ならない。そして「内側」とは、私たちの意識のことだ。

喜び、愛、平和のことだけを考えていれば、実際の人生も喜びと愛と平和で満たされる。

でも、ノンストップで悲しみや苦しみのことばかり考えつづけていたら――その結果は、もう言うまでもないだろう。

思考が引き寄せるものにご用心

思考にこういう影響力があるのはいいことだ。想像力さえあれば、欲しいものはほとんど何でも創造できるということなのだから。量子フィールドに自分の思考を送り出すだけで、あらゆる豊かさを送り返してもらえる。

証拠が欲しいなら、『こうして、思考は現実になる』を読んだ人に尋ねてみればいい。**彼らは自分の意識の力を使って、テレビの人気番組に出演したり、一〇〇〇万円もする車を六台も手に入れたり、あこがれの仕事を手に入れたりすることに成功した。**

しかし、実は思考にも欠点がある。過去にばかりとらわれ、昨日の出来事をくよくよ思い悩み、不足と限界のことばかりしつこく言いつづける古くさい常識に支配されていたら、あなたの思考はあなたが本当は欲しくないもの――たとえば、飼い猫が得意げにつかまえてきたネズミの死がいとか――を運んできてしまうのだ。

世界の豊かな恵みを受け取らず、新しい一日を喜びのブギを踊るチャンスだと思わずにいると、あなたの思考は、相も変わらずネズミの死がいばかりを届けてくるだろう。

私は足をドンと踏みならして、「そんなことは今すぐにやめなさい！」と叫びたい。でもそうはせず、代わりにこの本を書いている。

私たちが知らなければならない、二つのこと

カギ括弧つきの「現実」、つまり本当の現実の世界では、私たちはみな一つであり、世界は豊かさで満ちていて、奇妙な形で願いをかなえてくれ、そして愛こそがファイナルアンサーだ。そんな「現実」が、世界中の人々の心の中で育ちはじめている。

私が思うに、私たちが知らなければならないことはたった二つだけだ。

・宇宙は私たちの味方だ
・すべてのことはうまくいく

たったこれだけ。それ以外のことはすべてでたらめだ。

今、自分が生きている世界は豊かでもなく、愛にも満ちていないと思うのなら、それは、あなたの勘違いしている思考が、ＦＰから間違ったものを持って帰ってきてしまっているだけだ。

そこでこの本では、エネルギーの力を確認する九つの実験を紹介している。

やる気のある人は、コップ一杯の水を自分好みのワインに変える実験に挑戦することもできる。でも、この実験でいちばん大切なのは、ＦＰに偵察（またの名を「思い込み」、つまり巨大な力を持つ振動波）を送って、今とは違うものを探すことだ。

そして、「喜び」が普通の状態であり、喜びという光に導かれて人生を生きるべきだと理解することだ。あなたの目的は、楽しむことであり、いい気分でいることだ。あなたはそのために生まれてきた。それがすべての謎を解きあかすカギだ。

「神様のこと」をいちばん知っているのは誰だろう？

私の大好きな話を一つ、紹介しよう。

ある四歳の男の子が、生まれたばかりの妹と「二人きりの時間」が欲しいと、しつこく両親にせがんだ。育児書を熱心に読んでいる両親は、小さな子どもを二人きりにするのはよくないと考えた。

「もし赤ちゃんをつねったりしたら大変だ」と、両親の一人は言った。そして二人の間では、きょうだい間の競争を最小限に抑える最新の方法について、熱心な議論が始まった。いや、それだけではすまないかもしれない。二人はさらに心配する。「もし赤ちゃんを窒息させたりしたらどうしましょう」

でもお兄ちゃんのジョニーはさらに食い下がる。

「僕たち、つまり赤ちゃんと僕の間で、とても大切な問題を話し合わなくてはならないんだ」と、ジョニーは言い張った。

ついに両親も折れた。ジョニーを一人で赤ちゃんの部屋に入らせると、ドアのすぐ外に待機して、じっと中のようすをうかがっていた。

ジョニーは愛情のこもったまなざしで妹を見つめると、ベビーベッドに身を乗り出し、真剣な面持ちでささやいた。「神様のことを教えてくれないか？　僕はもう忘れてきてしまったんだ」

その四歳の男の子は、生まれながらに神聖な存在としての自分と、ワールドビュー1・0に染まりそうになっている自分の間で大きく揺れ動いていた。窮屈な世の中の常識や、支配的な文化に押し込まれてしまう前に、まだ純粋にスピリチュアルな存在である妹に最後の望みを託したのだ。

赤ちゃんに「絶対に教えてはいけないこと」

生まれたばかりの妹にお願いをした四歳の男の子の話からもわかるように、**私たちはあ**

っという間にワールドビュー1・0に染まってしまう。たとえ、ワールドビュー1・0が教える常識や伝統がどんなに間違っていても、それが正しいと思い込まされてしまうのだ。

生まれたばかりの赤ちゃんは、大人たちの行動を観察し、彼らが何を拒否して、何をほめるかを見ている。生まれてまもないうちに、お金について、何を感じ、どう考えるべきかを学ぶ——そう、お金というものは忌々しい存在だとか、病気になったらすぐに病院に行くとか、自分を治療するには、自分の外側にある何かが必要だとかいうことを学ぶのだ。

生まれたばかりの赤ちゃんは、みんな巨大な愛の発生装置だ。清らかなエネルギーの光と、無類の喜びを放つ存在だ。

赤ちゃんはすべてのものを心から愛している。特にお父さんとお母さんのことは大好きだ。その両親が無意識のうちに、自分の持つパワーとエネルギーの大部分を捨ててしまっていたら……？

もちろん、赤ちゃんもその真似《まね》をするに決まっている。そうやってあっという間に、社会の常識としてのエネルギー、思い込み、思考を身につけてしまう。

ここで念のために言っておきたい。私は何も、すべてを親のせいにしているのではない。そういう態度は、ベルボトムのジーンズと同じでもう時代遅れだ。親たちは、自分なりに精いっぱい、愛の超音波を送り出し、返ってきたメッセージを最大限に活用していた。だって、彼らも最初は赤ちゃんだったのだから。

あなたからスーパーパワーを奪う、不思議なプログラム

人は、五歳になるまでに見聞きすることを、それこそ掃除機のようにどんどん吸い込んでいく。

脳科学の研究によると、五歳以下の子供の脳は、主にシータ波という脳波を出している。これはレム睡眠や、催眠術にかかっているのと同じような状態で、言語や家族の習慣、社会で生きる方法などを学び、日常に取り入れていくために最適な環境だ。この時期に、考え方、感じ方、体の動かし方などを学び、それが体にプログラムされて、残りの人生を動かしていくことになる。

このプログラムは、生きるうえでとても役に立つ。たとえば、歩こうとするたびに「あれ？　歩くためにはどう体を動かせばいいんだっけ？」などと考える必要がなくなり、考

え事をしながらでも、歩いて目的地にたどり着くことができるからだ。歯磨きをするときなどもそうだろう。

しかし、もっと高い次元とつながろうとすると、このプログラムがじゃまになることがある。なぜなら、**家庭の教えや、社会の決まりごとの通りに生きていると、今目の前にあるあふれんばかりのエネルギーを見逃してしまうからだ。**

今という瞬間には、いつも大量のエネルギーがぎっしり詰まっている。大きく爆発して、魔法と祝福をまき散らしたいと待ち構えている。それなのに、ほぼ間違っている「社会の常識」ばかりにとらわれていると、せっかくの魔法を逃してしまうことになる。

物質ではない、エネルギーとしてのあなたからは、人生を豊かにしてくれるデータがどんどん流れてきているのに、それを完全に見逃してしまうのだ。その結果、型にはまった限定的な世界観から逃れられなくなる。

実際、意識が「今、ここ」に存在していないときは、いつでも古い常識を吹き込んだテープの再生が始まってしまう。その結果、思考が影響され、行動が影響され、思い込みが影響される。幸せになろうとしたり、夢をかなえようとしたりするときも、古い常識がじゃまをしてくる。

テープの中身は単なる思考のクセであり、本当のことでも何でもない。しかし残念ながら、私たちはこの常識を使って物事のよしあしを見分けたり、人生と折り合いをつけたりしている。前向きなことを宣言したり、意図したりしているときでも、潜在意識の奥底では相変わらずこのテープが動いているのだ。


あなたがもしスマートフォンを持っているなら、そこにはたくさんのアプリが入っていることを知っているだろう。使っていないものも含めて、そのすべてのアプリが電力を消費していて、限られたバッテリーの量を奪い合っている。これがあなたの意識だ。

小学校五年生のときにダウンロードしたアプリをまだ捨てずに持っていて、「あなたには芸術の才能はないから、算数をがんばりなさい」という先生の言葉や、「うちにはお金がないからそれは無理よ」という母親の言葉に、いつまでも貴重なバッテリーを使わせている。

どんなアプリよりも、この「古い常識」こそが、いちばんバッテリーを消費するアプリとして君臨しているのだ。

これらの古い常識が、あなたの意識を支配している。エネルギーを枯渇させている。

もっとも信じてはいけない、一二個の「嘘」

嘘の思い込みは、自分という存在の大部分を占めている。だから私たちは、それが本当かどうか疑ってみるなんて思いもよらない。私たちは、嘘をまるで神のように崇《あが》めたてまつり、恐れ、信用し、そして完全に服従している。反論するなんて考えもしない。

イギリスの進化生物学者のリチャード・ドーキンスは、この嘘に**「ミーム」**という名前をつけた。

簡単に説明すると、**ミームとは、ある文化の中で人から人へと受け継がれていく常識や行動様式のことだ。つまり、「よく言われていることで、当たり前のように信じられているけれど、本当は正しくないもの」**だといえる。

この「ミーム」は私たちの人生経験でとても大きな役割を演じているのだが、それに気づいている人はほとんどいない。ミームはまるで、がらくたばかりが詰まっている引き出しのようなものだ。乾燥して書けなくなったマジック、さびついたハサミ、誰だか思い出せない人からもらった大昔のバースデイカード、そしてよくわからないカギ……。

このような、「なんとなく取ってあるけれど、本当は大切でないもの」がたくさんあるせいで、本当に大切なもの――今すぐ使いたいホッチキスや、電話中にメモを取るためのボールペン、弟のお嫁さんのために使いたい実家の合いカギなど――が、見つけられなくなってしまうのだ。

もしもあなたがすばらしい人生を自分で創造したいと思っているなら、がらくただらけの引き出しをきちんと片づけることが大切だ。

自分も含め、地球上のほとんどの人が「絶対の事実」だと信じて疑っていないミームを一つひとつ取り出し、本当に事実かどうか検証しなければならない。

ワールドビュー1・0で信じられているミームのうち、もっとも強力な思い込みとなっている一二個を紹介しよう。あなたもきっと、これらのミームとは切っても切れない仲になっているはずだ。

それぞれのミームの後で、それに対応する真実、ワールドビュー2・0も紹介している。最終的には、真実があなたをミームから解放してくれるだろう。

【1】

ミーム：世界は恐ろしい場所だ

自分の身を守るためには、いつでも鎧《よろい》を身につけて、テロリストや、恐ろしい病原菌や、意地悪な継母《ままはは》や、ゾンビたちにやられないように、必死に対策を練らなければならない。

ワールドビュー2・0：恐れるものは何もない

私の学んだ「奇跡のコース」でもくり返しこう言っている。「おかしな思い込みのせいで、私たちは自分で勝手に重荷を背負い、苦痛と罪は本当に存在すると信じている。でも**本当は、苦痛なんて感じる必要はないし、あなたは何の罪も犯していない**」

【2】

ミーム：人生が私を振り回す

私は無実だ。自分ではない誰かが起こした状況や、行く先々の天候や、予想もつかない病気に、いいように振り回される犠牲者だ。それだけでなく、自分自身の欠点にも振り回されている。自分の力の及ばないところで起こる出来事が、いつも私のじゃまをしてくる。私にできるのは、自分のせいではないのに起こったひどい出来事と、なんとか折り合いをつける方法を見つけることだけだ。

ワールドビュー2・0：人生は私の中から生まれる
私は自分の思考や思い込み、自分のエネルギーの周波数を使って、世界を創造している。

【3】

ミーム：何かが起こる、故に気分が悪くなる

私たちの思考や感情のほとんどは、育った社会の文化によってプログラムされている。どんなときに幸せを感じるかといったことや、こういう出来事があったらこう感じるべきだといったこと、気分によってどう行動するべきかといったことを、ごく幼いころから訓練されている。

私たちは生まれてからずっと、嫌な気分を感じるように訓練され、その嫌な気分を外側の出来事のせいにするように訓練されている。そして、そういった世の中の不公平のすべてに対して不満を持つように、そして、いいことを期待してはいけないという訓練を受けている。実際、まともな頭を持った人なら誰でも、「生きるのは大変だ」と思っている。人をがっかりさせたくない、人に嫌われたくない、病気になりたくない、貧乏になりたくない——私たちは、そう感じるのが当たり前だと考えるように訓練されている。病原体を恐れ、発ガン性物質を恐れ、電磁波を恐れるように訓練されている。プラスチックのタッパーを使うときも、携帯電話を使うときも、とにかくありとあらゆることで心配するように訓練されている。

ワールドビュー2・0：喜びこそが自然な状態だ

作家のエスター・ヒックスはこう言っている。「私たちはなぜ、戦争の英雄の像ばかり建てるのでしょうか。サーファーの銅像を建ててもいいではないですか」

【4】

ミーム：神は自分とは別の存在だ

へりくだってお願いすれば、神も耳を貸してくださるかもしれない。このちっぽけな私の願いをかなえるために、もしかしたらお時間を見つけてくださるかもしれない。でも、それはまず無理だろう。だって神は、もっと大きな問題――たとえば、世界の飢餓と闘うので忙しいのだから。

ワールドビュー2・0：神は、自分の中を流れる愛にあふれたエネルギーだ

神を言葉で定義するのは不可能だが、私を支え、光で包んでくれる存在であることは間違いない。また、詩人のスティーヴン・ミッチェルが「光を放つX」と呼ぶこの神という存在は、宇宙のすべてが存在する理由である。

［5］

ミーム：物事は善と悪、白と黒にはっきり分けなければならない

コメディアンのギルダ・ラドナーもよく言っていたように、「いつも、何かに対して文句があるのよ」ということだ。

ワールドビュー2・0：私の役目は創造することであって、批判することではない

私たちに、何かを批判する能力はない。

何かを批判しようとすると、その瞬間に、無限の可能性のフィールドから送られてくる

エネルギーを遮断してしまう。批判するのは私たちの役目ではない。主観的で、限られた視点から見ているだけなのに、私たちはまるで「宇宙の支配者」にでもなったつもりだ。それはたとえて言うなら、目の見えない人が象の尻尾を握っただけで、あの巨大な動物のすべてを理解したつもりになっているようなものだ。

批判を始めると、とたんに創造活動はストップしてしまう。物事を理解したつもりになり、レッテルを貼ることによって、自分の意識の中に入れるものを制限してしまうのだ。

【6】

ミーム：我思う、故に我あり

デカルトの言葉をそのまま借りれば、「Cogito ergo sum」だ。考えることはとても重要で、そうでなければ私の存在価値はない。

ワールドビュー2・0：私の考えることはだいたいにおいてどうでもいいことだ

え、ちょっと待って。この本は、思考がすべてを創造するって話じゃなかったの？実を言うと、そういうわけでもない。すべての思考ではなく、ある思考に意識を向けることで、その思考が現実になるということだ。

どの思考に意識を向けるのか、どの思考に力を与えるのか。それを決めるのは私たち自身だ。ある思考にエネルギーを注ぎ込むと、その思考は次第に実体を持ち、モノや出来事となって現実の世界に出現する。

【7】

ミーム：苦しみなくして向上なし

苦労しなければ一人前になれないという考え方は、私たちの文化にあまりにも深く根づいているために、普段はまるで冷蔵庫のモーター音のように当たり前すぎて意識しない存在になっている。

私たちは「人生は最低だ」という人生観にどっぷりつかっているために、もしかしたら別の現実があるかもしれないなんて思いもよらない。楽しい現実なんてありえないと思い込んでいる。

私たちの世界は、苦痛と孤独と恐怖でできている。惨めな気分が当たり前だと思い込んでいるために、「人生は楽しい冒険である」という考え方をまったく受け入れられない。そんなものは不自然だとさえ思っている。そして私たちは、休日や誕生日や仕事のない日を心待ちにして生きている。人は一年中、どんな日でも二四時間ずっと幸せでいられると言われても、とてもじゃないが信じられない。

しかし、この「人生は最低だ」という人生観も、単なる悪い習慣の一つでしかない。両親から「もう大きいんだからちゃんとしなさい」と初めて言われたときから、ずっとそういうものだと信じてきてしまっただけだ。

ワールドビュー2・0：苦しむ必要なんてまったくない

私たちは何もしなくていい。手放して、宇宙の生命の流れにすべてを任せれば、こまかいことは高次元の力がすべてうまくやってくれる。悲しみを王座から引きずり下ろしてしまえば、「目覚め」が私たちの普通の状態になるだろう。

【8】

ミーム：自分の失敗を直視し、問題を具体的に列挙して、自分を向上させるのは大切なことだ

言い換えると、「ニヤニヤするな。人生は笑いごとじゃないんだ」ということだ。

ワールドビュー2・0：私はすでに、欲しいものも必要なものもすべて持っている

自分に欠点や問題があるように感じるのは、ただ単に欠点や問題を探しているからだ。
でも、この新しい世界観では、欠点や問題を探す必要はない。これからは、人生はゲームになる。ジェットコースターに飽きたら、今度は流れるプールに行けばいい。

【9】

ミーム：私とあなたで、世界を相手に闘っている
私たちは、世界という大きな敵に立ち向かおうと、必死にもがいている。または、世界から目をつけられないように、息を潜めている。もしかしたら、あなたも味方ではないかもしれない！

ワールドビュー2・0：宇宙は私の味方だ
宇宙はいつでも私たちのいちばんの味方で、絶えず祝福や贈り物、サイン、導きを届けてくれている。**私たちは誰でも、宇宙から推薦状をもらって生きているようなものだ。**

【10】

ミーム：すべて自分の力でしなければならない

努力しろ、自分を磨け、とにかくがんばりつづけるんだ。

ワールドビュー2・0：私はただ、自分の喜びを追い求めていればいい

それ以外のことは、すべて宇宙がいいようにはからってくれる。**「限界」や「不足」は、私たちが勝手にでっちあげた作り話だ。**赤ちゃんを運ぶコウノトリが実在しないように、「限界」も「不足」も実在しない。

ワールドビュー2・0の世界では、現実を無理にねじ曲げるのはかえって逆効果だ。たしかに宇宙のフィールドは目に見えないので、なかなか存在を信じられないという人がいるのも理解できる。それでも、現実をねじ曲げることや、ブーブーと不平を言うことよりもはるかにリアルな存在だ。一歩下がって、宇宙の力とつながれば、すべてがすんなりと理解できるだろう。

【11】

ミーム：私は変わらなければならない

なぜなら、私には多くの問題があるからだ。でも、変わるのは怖い。変わるのは難しい。助けて！

ワールドビュー2・0：いつでも好きなときに、思い込みを変えることができる

実際のところ、正反対の概念（たとえば、「不足」と「豊富」）は、両方ともすでに存在する。不足しか見えないのだとしたら、それはただ単に、不足の周波数に合わせてしまっているからだ。

目の前にある現実が存在するからといって、その現実だけが絶対だというわけではない。それ以外の現実も、同じくらいの力を持って存在している。物質的な世界は、すべて刹那的で、流動的だ。ワールドビュー2・0では、私たちはみな、現実は多層的であり、自分が注目する現実だけが目の前に現れているのだということを理解している。だから、注目するのをやめれば、その現実も消えてしまう。

どんな現実も、あなたを支配することはできない。だって、あなた自身が創造主なのだから。

【12】

ミーム：よい人間になるのは大変だ

言い換えると、すべての人類は罪人であり、神の栄光には遠く及ばない。

ワールドビュー2・0：私の価値はゆるがない

目標達成の一二のステップは必要ない。障害物訓練も、補正下着も、何もいらない。ゆったりと腰を下ろし、リラックスしてフライトを楽しもう。

さあ、ここから、あらたな実験を始めよう。

実験を始める前に、一つお願いしたいことがある。ごく簡単なお願いだし、お金も一切かからない。時間も三秒だけでいい。

準備はいいだろうか？

さて……。もちろんそちらのようすが見えるわけではないけれど、どうやらページは破っていないようですね。

それはなぜだろう？

もしかしたら、「まともな人」は本のページを破ったりしないと思い込んでいるからだろうか？　本は読むために存在するのであり、法を守る善良な市民であるなら、本を大事にするのが自分の責任で、汚したり破いたりしてはいけないと信じているからだろうか？

私に言えるのは、あなたのご両親は、さぞ自分の教育に満足しているだろうということだけだ。

でも、私が破くように言ったページは、なくなってもまったく問題ないページだ。大事なことは一つも書いていないし、この本の内容にもまったく関係ない。

でも、一つだけ大事なことがある。あなたが今「破らなかった」ということは、この本の中で何度も何度もくり返すことになる、ある「原則」が、あなたにも当てはまるということを証明しているからだ。

あなたも、すべての人間と同じように、生きている間に身につけたさまざまな教えが、かえって自分の足かせになっている。自分のためにならない情報をたくさんため込んでしまっている。

今まで学校で教わってきたことの中には、本当でないこともたくさんある。実際、それらの教えのせいで、本当の自分を最大限に発揮することが妨げられているのだ。

また、ページを破いてほしいというお願いは、大切なのは紙に印刷された「文字」ではないということを言っているのだ。

大切な教えはあなたの中にある。その教えを理解するには、その重い腰を上げて、本に書いてある通りに実験を行い、「体験する」しかない。

さて、それでは、お手数かとは思いますが、先ほどのページを破り取っていただけますでしょうか？

第二章

「思考は現実になる」を日常で活用するための九つの実験

「あなたの思考」は、「あなたの人生」で現実になる

さあ、いよいよ、新しい実験を始めよう。

……なぜ「実験」なのかって？

そう疑問を持つ人もいるだろうから、少しだけ説明しておきたい。

前著『こうして、思考は現実になる』を読んだ人ならよく知っているだろうが、私は「思考は現実化する」というようなスピリチュアルの概念も、きちんと科学的に証明されるべきだと考えている。

ただ信じればいいという話ではないのだ。なぜなら、もう何年も前から、「思考は現実になる」という考え方は、ディナーの席の話題になったり、セミナーの材料になったりしてきたのに、誰もがただ理論化するだけで、実用化してくれる人は一人もいなかった。そのせいで、世界はまだ思ったほどの劇的な変化を見せていないからだ。

どんなにすごい理論でも、実際に活用しなければ、ただの耳ざわりのいいおとぎ話だ。**だからこの本も、『こうして、思考は現実になる』と同じように、理論ではなく実践することを重視している。**

あなたが宇宙のすべての人とつながっていて、すべてのものともつながっているという事実は、ただのびっくりニュースではない。**あなたは、驚いているだけでなく、活用しなければならない。**

あなたの思考はエネルギーの波であり、巨大な可能性のフィールド（ＦＰ）に向かって発射されているという事実を知っておかなければならないのはもちろん、日常的に活用しなければ意味がない。

もしかしたら、私たち人類は、この原則を井戸端会議の話題にするためだけに、すでに一〇〇年もの時間を費やしてしまったのかもしれない。理想の世界や、理想の人生や、理想の人間関係を創造するために有効活用してこなかったのだ。

この章からは、『こうして、思考は現実になる』に登場した九つの原則から導き出される、あらたな命題を紹介している。

もちろん、それぞれの命題を証明する実験もある。

どの実験も、あなたがFPとつながっていること、そして量子物理学はただの科学的な理論ではなく、日常生活で役に立つ道具だということを証明している。

現実世界は、どんな実験室よりもおもしろい

イタリアの発明家で、遠距離無線通信への道を拓《ひら》いたグリエルモ・マルコーニは、三〇〇〇キロ以上にも及ぶ大西洋横断無線通信に成功し、一九〇九年にノーベル物理学賞を受賞した。

しかし、最初は誰もマルコーニの言葉を信じなかった——電線を使わずにエネルギーの波を送ることができると主張するなんて、頭がおかしいに違いない。マルコーニがイタリアの郵政省に手紙を出し、電報を無線で送るというアイデアについて説明すると、逆に精神病院を紹介されてしまったほどだ。

反対派は口々に、「そんなの無理に決まっているだろう」と言った。そして、両親の家

の屋根裏部屋でマルコーニが行っていた実験をさんざんバカにした。

つまり、私が言いたいのはこういうことだ。思考、夢、思い込みも電波と同じで、宇宙に向かって送り出すことができるのだが、そうやって現実を創造するという考え方も、受け入れられない人はどうしても受け入れられない。

しかし、**覚えておこう。新しい可能性を受け入れるのを拒否しているかぎり、その可能性はあなたの視界には入ってこない**。たとえば今から一五〇年前に、部屋に入ってスイッチを押すだけで電気がつくなんて、誰が想像できただろうか。または、鉄でできた機械が空を飛んで海を越えるなんて、誰が想像できただろう?

さあ、実験を始めよう。

実験の順番は、本の通りにやってもいいし、あちこちに飛んでもいいし、一日で九つの実験をすべてやってしまってもかまわない。自分にとっていちばん都合のいいやり方で実行してもらいたい。

ルールは自分で決めよう。大切なのは、実際に行うことと、遊び感覚で楽しむことだ。

私はいつも、実験するときは紙に書くようにしている。考えたことや感じたことを、実験の前と後に記録している。人の記憶はあてにならないもので、私たちはよく、自分の経験を「忘れて」しまったり、世間の常識や自分の思い込みと合致するように都合よく編集したりするからだ。

実際に起こったことをきちんと記録しておけば、常識に負けない自信を築くことができる。寝ているときに見た夢も、起きてすぐにメモしなければ忘れてしまうだろう。それと同じで、**人間は「常識に反する」経験を忘れてしまう傾向がある**。後から実験の記録を見返すと、せっかく起こした奇跡なのに、常識に反するという理由だけで打ち消してしまうことがいかに多いか実感できる。それを防ぐために、今回も各実験の最後に実験レポートシートを用意している。

そして最後に、今から教える三つの言葉を、いつでも頭の片隅に置きながら実験を進めよう。

・これは簡単だ

・大したことではない＊
・誰でもできる

＊この実験が「大したことではない」のは、どちらにしろ人生は最終的にうまくいくようにできているからだ。あまり思い詰めず、気楽に遊び感覚で実験に取り組んでもらいたい。まるで生きるか死ぬかの問題であるかのように、あまりにも何かに入れ込むと、かえって結果が出ないことになる。

楽しめば楽しむほど、実験はうまくいく！

宇宙は私たちの思考に反応する。

これは大切なことなので、よく覚えておこう。**そして、私たちは、観察する対象に必ず影響を与える。この事実もこの上なく大切だ。**「この上なく大切」なんて言われると思わず身がまえてしまうかもしれないが、そんな必要はない。むしろ気楽に構えて、遊び感覚で実験したほうが、いい結果につながる。

現在のワールドビュー1・0では、遊びと実験は両立できないと考えられている。遊び半分で実験して、どこかで間違えては大変だからだ。ワールドビュー1・0はまた、神とか科学とかエネルギーとか、そういう「重要な」事柄で遊んではいけないことになっている。こういう問題を扱うのは、それぞれの専門家だけ。一般人の私たちなんて、お呼びでないというわけだ。

でも、そんなのはバカげている。もし私がすべての人とつながっているなら（量子物理学の理論によると、私はたしかにつながっている）、私だってスティーヴン・ホーキングと一緒に人類の進歩に貢献してもいいではないか。もし、私の視線が愛を伝えることができるなら、その超能力をあらゆる場面で使ってもいいではないか。

そこで、私からの提案だ。

この世界を変える実験を、みんなが参加するパーティにしよう。みんなが参加したくてたまらなくなるほど、楽しいパーティにしよう。

この本で紹介する実験は、『こうして、思考は現実になる』の法則から自然に導き出さ

れる命題を証明する形式になっている。
(命題とは、すでに証明された事柄をもとに、提案される主張、自然に導き出される結果、または結論のことだ)

実験はどれも、誰でも簡単に挑戦でき、しかも本物の科学者が本物のラボで使っているのと同じ科学的な方法を使っている。

でも、だからといって、真面目に取り組まなければいけないとか、失敗は絶対に許されないという意味ではない。**しかめっ面でかしこまっていたら、かえって実験はうまくいかない。**むしろみんなで砂場に飛び込み、そこら中を砂だらけにしてしまおう。

私のモットー、それは「とにかく楽しむ」だ。

かのアルバート・アインシュタインも、楽しむことと、すばらしい新発見は同時に起こると言っている。アインシュタインはまた、偉大な精神は規則を無視し、創造性を大切にし、枠組みにとらわれないとも言っている。

標準テストとか、これのための七つのルールとか、あれのための八つのステップとかは、平凡な人生に確実に到達できる片道切符だ。アインシュタインの創造性は、本人の言葉を借りれば、「遊び心にあふれ、肉体派で、視覚的」だ。

実際、実験を楽しめば楽しむほど、効果が出るのも早くなる。遊び感覚で始めれば、左脳の罠《わな》にはまることもない。「時間」と「空間」という概念にとらわれず、自由な発想を解放することができる。

もう、これ以上知識はいらない——必要なのは「実践」だ

最後に、一つの戦略を紹介したい。それは、グループを作ることだ。スピリチュアルの冒険では、ともに励まし合い、成功を喜び合い、そして自分の固定観念を崩してくれる仲間は最高の存在だ。グループといっても、大人数でなくてかまわない。私に言わせれば、二人でも立派なグループだ。

脳科学の研究によると、人間は、まわりにいる人の行動や感情に共鳴するようになっている。この目に見えないコミュニケーションによって、たとえば誰かがあくびをするのを

見ると、自分は一〇時間睡眠を取っていてもあくびをしてしまったりするのだ。集団で踊ったり、コンサートで他の観客と一緒になって拍手喝采を送ったりすると気分が高揚するのも同じ理由だ。

この「共鳴」の力を活用するために、私は地元のカンザス州ローレンスで二つのグループに参加している。一つは週に一回、もう一つは月に二回集まり、量子物理学のことや、スピリチュアルの世界のこと、思考が現実を創造するといった話題について話し合う。集まりが終わって帰るときは、喜びと愛と独創的なアイデアに包まれていて、足取りもまるで踊るようだ。

集まることで、喜びや愛はどんどん大きくなる。……そして、私は考える。「なんでみんなこれをやらないいんだろう？」

もし、あなたがまだグループに入っていないなら、まずどこかのグループに参加しよう。友達を誘って、一緒に悪ふざけをするグループを作ってもいい。――私はここで、あえて「悪ふざけ」という言葉を使った。真剣になりすぎないこと、思い詰めないことが、実験をするうえでとても大切になるからだ。大笑いしながらやれば、実験は楽しいゲームになる。**そして、これは不思議なことだが、ゲームにして楽しんだほうが、なぜか実験の成功率も上がるのだ。**

今から二年前、私が参加するグループのあるメンバーが、「楽しい誘いを絶対に断らない」という新年の誓いを立てた。つまり、コンサートやダンス、ランチなどに誘われたら、必ず「行く行く!」と答えなければならないということだ。

彼女はその誓いを立てる以前、誘いを断ってばかりいる自分に気づいていた。断る理由は、子供がいるから、忙しいから、疲れているからなどなど……そう、あなたにもおなじみの理由だ。

大人が楽しい誘いを断る正当な理由なんて、それこそ山のようにある。しかし子供は、楽しい誘いを絶対に断らない。ティーンエイジャーはパーティの誘いを絶対に断らない。どんなに時間が遅くても、こっそり家を抜け出すとどんなに両親に怒られるかわかっていても、それでも楽しみたいという気持ちのほうが勝ってしまう。

私たちはいつから、楽しい誘いを断るようになってしまったのだろう?

誓いを立てた女性は、誘いに「イエス」と言いつづけているうちに、ある大事なことに気がついた。**誘いを断って家にいれば体力を温存できると思っていたが、むしろ出かけたほうが活力がわいてくる。以前なら誘いを断る理由になっていた「疲れ」が、まったくなくなってしまったのだ。**

彼女は言う。「今では迷うこともなくなったわ。楽しいお誘いには反射的に『行く！』って答えているの」

ＦＰグループのルール

・「うまくいっていること」だけを話し合う

うまくいっていないことばかり話し合い、間違いを正そうとばかりしているグループなら、それこそ九兆三八七六億四二四二万八〇〇〇個はある。しかしこのＦＰグループでは、正直に、本当のことだけを話すけれど、内容は自分の人生に起こった祝福や奇跡のことだけだ。

・楽しむ
・とことん楽しむ

以上だ。

さあ、ページをめくって、実験を始めよう！　豊かな人生はあなたのものだ。

実験1

「朝いちばんの力」の命題

ミーム：問題が起こる、だから気分が悪くなる

ワールドビュー2・0：間違った思い込みがなければ、喜びが人間の自然な状態だ。実際、楽しめば楽しむほど、人生はうまくいく

人生を変えるために、まず変えるべきもの

二〇一三年、アフリカのサファリの最新情報について記事を書いているときに、サイの知られざる一面について知ることができた。サイはどうやら、視力が壊滅的に悪いらしい。わずか四、五メートルしか離れていなくても、人間と木の区別がつかないという。だから、サイに追いかけられるのは「アフリカで避けたい危険のリスト」の上位に入るのはたしか

だが、実際はまったく心配する必要はないというのだ。

サイはびっくりすると、たしかに全速力で走り出す。体重が三トン以上もあり、鋭い角を突き出した巨大なサイが、鼻息も荒く全速力で突進してきたら、心配するなと言われても無理な話だろう。

しかしサイはひどい近眼なので、あなためがけて突進しているわけではない。ただびっくりして、そのときに向いていた方角に向かって全速力で走っているだけだ。あなたはただ、サイの進行方向から脇によけるだけでいい。サイは疲れて走れなくなるまで、または危険が去ったことに気づくまで、そのまままっすぐ走っていくだけだ。

そして、あなたの思考も、びっくりしたサイのようなものだ。一度勢いがつきさえすれば、ずっと同じ方向に突進していく。だから私も、朝起きたら真っ先に「今日はきっとすばらしいことが起こる」と宣言することを習慣にしたら、人生に革命を起こすことができたのだ。

この宣言をするのにかかる時間は、せいぜいで一〇秒といったところだろう。一見したところではなんてことない習慣だ。**でも私なら、朝の習慣のうち、シャワーかこの宣言か**

のどちらかをやめろと言われたら、シャワーをやめるほうを選ぶ。そのくらい、大事な習慣だということを覚えておいてほしい。

この実験では、一日の始まりのほんの数分を変えるだけで、その日の台本を書きかえられるということを証明する。不平不満で一日を始めるのをやめれば、あなたの毎日はまったく違う姿になるだろう。喜びと感謝の気持ちで一日を始めることを習慣にすれば、やがて人生のすべてが輝きだす。

あなたは毎朝、真っ先にどんなことが頭に浮かぶだろうか。「さあ、起きたぞ！　パーティの始まりだ！」というようなことを考えているだろうか。

それとも、「ああ、今日はこれをやらなきゃ、あれをやらなきゃ」などと思っているだろうか。

朝起きて最初にする思考は、とても強力な道具になる。昨日のことは忘れ、ただただいつもの一日をくり返すことを拒否したときに訪れる「自然な喜び」を感じることができれば、朝いちばんの思考の力はさらに大きくなる。

宇宙は振動している。**そして思考は現実になる**。**だから、楽しいことを考えるのは、自**

分自身への最高の贈り物だ。ここで大切なのは、その「いい気分」をできるだけ長く続けることだ。

「朝いちばんの習慣」を変えると、人生は劇的に変わる

ハーバード大学の有名な心理学者、ウィリアム・ジェームズ（『ねじの回転』などで有名な小説家、ヘンリー・ジェームズの兄）は、よく「人間は単なる習慣の集まりにすぎない」と言っていた。

そして、思考も同じだ。思考も習慣の一つであり、私たちはただ反射的にいつもと同じことを考えてしまっている。そしてその**「いつもの思考」が、あなたの現実を創造しているのだ。**

たいていの人が、自分は何か新しいことを考えていると思っている。新しいアイデアを思いついたり、新しい計画を立てたりしていると思っている。しかし実際のところ、新し

いことなんてここ二〇年はまったく考えていないのが現状だ。人間の脳は、一秒間に四〇〇〇億ビットの情報を受け取り、その情報を「私たちの社会でよく言われていること」というフィルターにかける。そうやって残る情報は、たったの二〇〇〇ビットだ。子供のころに確立された神経回路を通れる情報だけが残されることになる。

その結果、まるでロボットのような人生を送ることになるのだ。自分の意思とは関係なく、脳に組み込まれたプログラムに、何も考えずにただ従っているだけだ。

もちろん、プログラムされた思考の中には、役に立つものもある。しかし大部分はまったく役に立たない。

でも、絶望することはない！

科学者の間では、一度できあがった神経回路は、もう書きかえることはできないと考えられてきた。でもありがたいことに、どうやら実際は、いくらでも変えることができるという。

だからこそ、朝いちばんに何かすばらしいことを探すことを習慣にすれば、人生を劇的に変えることもできるのだ。でも、これも筋肉を鍛えるのと同じで、それなりに時間がかかる。

あなたの人生を暗くする「思い込み」の力

幸せは、夢や目標を達成したときにやってくる――それが世間一般の考え方だ。たいていの人は、だいたい次のように考えている。

収入が増えたら幸せになる。息子が電話をくれたらすぐに幸せになれる。新しい大統領が誕生したら幸せになる。

「あなたは幸せになりたいですか？」――こう質問されて「ノー」と答える人はまずいないだろう。たいていの人が幸せになりたいはずだ。それでも、幸せになることを自分の意思で選べると思っている人はほとんどいない。幸せになれるかどうかは運次第だと、どこかであきらめてしまっている。

何が正しくて、何が正しくないかという判断は、すでに脳内でプログラムされている。

私たちはただ、何も考えずにそのプログラムを何度もくり返しているだけだ。まるでスターリンの軍隊のように、ただ命令に従って行進している。立ち止まり、「これは本当に正しいのか？」と考えることは絶対にない。

たとえば、次のようなことは、果たして本当に本当だろうか？

・友達と遊ぶのは楽しい。家のそうじは楽しくない
・眠るのは楽しい。仕事に行くのは楽しくない
・映画館に行くのは楽しい。歯医者に行くのは楽しくない

こういった思い込みに異を唱える人はほとんどいないだろう。たいていの人が、まるで熱狂的なキリスト教徒が神にしがみつくように、これらの思い込みを信じている。

しかし、思い込みだけで物事を判断していると、人生のかなりの部分を楽しめなくなってしまう。あなたはべつに、誰かから銃を突きつけられて、無理やり判断させられたわけではない。むしろ、自分の頭の中にいる古くさい伝道師の言いなりになっているだけだ。

この実験で証明するのは、不平不満から目をそらし、代わりにすでに受け取っているすばらしい贈り物を探すようにすれば、人生はそれだけで喜びに満ちあふれるということだ。

そう、これは感謝についての実験だ。**幸せになるかどうかは、完全にあなた次第なのだ。**

あなたの持つスーパーパワーを「証明」しよう

レストランでメニューを見て、その中からいちばん嫌いな料理を注文する人などいないだろう。

それと同じように、デパートにショッピングに行って、いちばんかわいくない服を選んでレジに持っていく人もいないはずだ。

それなのに、相手が思考になると、どういうわけかいちばん嫌な思考ばかりを選んでしまう。起こってほしくないことばかり考えている。恐怖、マイナス感情、不足のことで頭がいっぱいだ。

そして、嫌いな料理やかわいくない服よりも、思考ははるかに大きな力を持っている。人生に与える影響は比べものにならない。**私たちは、いちばん意識を集中しているものを宇宙から引き寄せる。つまり、宇宙に注文したものを受け取るということだ。この法則に**

例外はない。

頭の中の考えは自分で選べないと主張する人もいるだろう。ただ考えのほうが勝手に浮かんでくる、というのだ。

そういうふうに信じていたいのなら、それもあなたの選択だ。でも、あなたも知っているように、これはとんでもないでたらめだ。

いつ、どんな瞬間でも、私たちは自分の意識を集中する対象を決めている。すべての思考を自分で決めているということだ。一〇〇パーセント完全に、すべてあなたの選択だ。

たしかに、私たちの思考は、昔から慣れ親しんだ思考にばかり戻っていく傾向がある。だから、自分の望み通りに意識を集中することを習慣にするには、多少の訓練が必要になる。でも、感謝と喜びの超高周波に意識を集中すれば、誰でも必ずできることだ。

この実験では、あなたの持つスーパーパワーの効果を証明する。スーパーパワーを使うと、ただ気分がよくなるだけでなく、思考や感情のブロックが取り除かれ、ＦＰの愛と光が自由に流れ込んでくる。

人生を劇的に変えるためのエクササイズ

実験を始める前に、次の空欄を埋めてもらいたい。これはとても大切な目標設定のエクササイズだ。

・〇〇が実現したら、私は幸せになる
・〇〇すればすぐに、私は幸せになる
・〇〇が××でありさえすれば、私は幸せになる

空欄を埋めたら、今度はすべての文の前半を二重線で消そう。残った文は、みなこうなるはずだ。

・私は幸せになる

これが、この実験であなたが目指すものだ。**充実した完璧な人生に必要な条件は、この「幸せになる」ことだけだ。**

幸せになることを選び、自分の置かれた状況のすべてに感謝すれば、あなたの人生は劇的に変わるだろう。

でも、ここで一つ警告しておく。あなたはもう、後戻りはできなくなる。そして、眉間にしわを寄せて大真面目な顔でやらなければならないことなんて、人生でほとんどないということにもすぐに気づくだろう。でも、心配することはない。深刻ぶりたい人、自分から不幸を選びたい人なんてたくさんいるのだから、面倒なことはその人たちに任せておけばいい。

実験で大切にするべき、たった一つのこと

わが家でカードゲームに弱いのは、ジャクソン家でムーンウォークができないようなものだ。

うちは家族が集まると必ずカードゲームをする。そして毎回必ず、同じジョークを言うことになっている。たいていは私をネタにしたジョークだ。たとえば、私が最強のカードであるスペードに縁がないのは、無謀な賭けばかりするからだと言われたりする。大量リードしていて、あとたったの三〇点取れば勝てるというときに、なぜか私は大ばくちを打ってビリになってしまうことが多い。

でも私に言わせれば、それが楽しいからやっているのだ。すべてを賭けて一か八かの勝負に出て、ハラハラドキドキしながら結果を待つのはとても楽しい。もし勝ったら、それはそれでたしかにうれしいけれど、それがゲームの目的ではない。私は勝つためにゲームをしているわけではないのだ。

弟のボブはよくこう言っている。「パムは勝てないかもしれないけれど、いちばんゲームを楽しんでいることは間違いないね。パムほど楽しそうにやっている人はいないよ」

この実験もそういうことだ。とにかく楽しむ。人生をパーティにしよう。すべてのゴージャスな瞬間にお祝いをしよう。それがどんな瞬間でもかまわない。**とにかくすべてに感**

謝する――憎き脂肪でも、スマホばかり見ているティーンエイジャーでも、マドンナでも、道ばたのタンポポでも、生えたばかりの小さな二本の前歯を見せて自分に向かってにっこり笑った赤ちゃんでも、とにかくすべてに感謝する。

腰痛に襲われて得た、大きな気づき

旅行ライターという仕事をしていると、楽しい体験をするチャンスは人より多くなる。クック諸島の呪術師に会ったり、五つ星のリゾートホテルでリッチな人たちと交流したり、三度の食事をすべて海辺で取ったり――でも私は、そんな特別なことをしなくても十分に楽しむことができる。最近でいちばんおもしろかったのは、世界が終わりを迎えようとしていた二〇一二年のことだ。

そう、私はあの、マヤ暦の世界の終わりを体験するために、カリブ海に面するベリーズのカラコル遺跡に行くことになっていた。朝六時の飛行機に乗るために荷造りをしていると、急に激しい腰痛に襲われた。

そして、出発する予定だった日、私は一日中ベッドの中にいた。激しい痛みにのたうち回り、トイレに行くのもやっとだった。でも、私はいつでも笑いと喜びを忘れないようにしているので、そんな一日だってすばらしい一日にすることができる。私はとても幸せだった――本当に楽しかった！　とにかく楽しもうと決めたのだ。

今からあの日をふり返ると、精神の成長にとってとても大切な体験だったことがわかる。なぜなら、次のことに気づいたからだ。

いつでも幸せでいることをじゃまするものは、自分自身の思考だけだ。

どんな脳トレよりも効果的な「ストレスの減らし方」

自分の人生に存在するすべての「いいこと」に大声で感謝しよう。

これは、どんな脳トレよりも効果的な方法だ。脳が変化し、脳内の神経回路が書きかえられる。感謝の心を持ち、感謝できるものばかり探す人がこの地上にやってきたら、その人はただ豊かさだけを見つけることになるだろう。

自分の幸運や幸せだけに意識を集中すると、文字通り脳の構造が変化する。やる気や熱意が増し、ストレスが減る。しかもそれに加えて、ドーパミンやセロトニンやオキシトシンといった自然のドラッグが脳内にたっぷり分泌されるのだ。しかし、不平や文句ばかり言っていたら、こんな贅沢《ぜいたく》は許されない。

私たちはみな、楽しむためにこの地球に生まれてきた。ある研究によると、赤ちゃんは一日に四〇〇回笑うという。それが大人になると、平均して一日にたったの四回だ。いったいどうしてこうなってしまったのだろうか?

本当にあった話

彫刻家のホバート・ブラウンは、一九九八年にノーベル平和賞の候補になった。その理由は、幸せを自分の職業にしたからだ。

本人はこう説明している。「自分の心に従い、そのときにいちばん楽しそうなことをして、楽しくなさそうなことはしない。そうやって生きてきたことで、どうやら世の中の役にも立ったようだ」

たしかにその通りだ。たとえば、カリフォルニア州のファーンデールという街は、このとぼけた芸術家が長年アトリエを構えていたという理由ですっかり有名になった。それだけでなく、彼が考えた「動く彫刻のレース」は多くの人を楽しませ、誰もがあまり深刻にならず、人生を笑い飛ばせるようになった。ホバート本人の言葉を借りれば、「大人になってから楽しく遊ぶにはどうすればいいかという問題を解決したようだ」ということだ。

一九六二年にホバートが移り住んだとき、ファーンデールは酪農を中心とする小さな街で、ほとんどゴーストタウンだった。立派なビクトリア朝の家も二束三文で売りに出され、街の有力者たちはむしろすべてを取り壊し、もっと近代的な家を建てようかと考えていた。街の住人は、一八〇〇年代の終わりからずっと住んでいる農家たちと、ビクトリア調の家を風変わりなアトリエに変えて使っている新参のアーティストたちが対立し、真っ二つに割れていた。

そこで、ホバートが突拍子もないアイデアを思いつく。手作りの乗り物、名づけて「動く彫刻」を参加者がそれぞれ持ち寄り、近郊の街アーケータからファーンデールまでレースを行うのだ。

この「動く彫刻選手権」は、毎年メモリアルデイの週末に開かれ、全国から二五万人も集まる人気イベントになった。地元経済にとっては、二〇〇万ドルの経済効果もある。それに、このイベントのおかげで、地元農家とアーティストの間にあった確執も解消された。

動く彫刻とは、簡単に言えば動くアート作品だ。形は自由で、巨大バナナから、重さ二トンの恐竜、浮かぶ車椅子、二〇メートル以上のイグアナまでいろいろある。動力は人力で、ペダルをこいだり、押したり、オールでこいだり、ポンプで動かしたりする。材料は、使わなくなった自転車の部品や芝刈り機のギア、色を塗った浄化槽、古いバスタブなど、とにかく制作者が「これだ」と思ったものなら何でもいい。どのマシンも、子供のような想像力と、エンジニアリングの才能の結晶だ。それに加えて、そこには芸術的な独創性と、仲間たちとの深いきずなもある。


ホバートは、私の説が正しいことを身をもって示してくれた。

人のためになりたいのなら、まず自分が楽しみ、楽しむのはいいことだとまわりの人に教えてあげるのがいちばんだ。幸せな生き方を実践しようと決めると、退屈な作業も楽しい探検になる。

たとえば、飛行機が欠航になってうんざりしているときも、楽しいパーティになる。行列で待っている時間は、新しい人と出会う絶好のチャンスだ。掃除機をかけながら、ロックに合わせて踊るバレリーナにだってなれる。そして、雨の日は家の中で五種類のチーズを楽しむピクニックをしよう。

実験1の取り組み方

脳の初期設定を本気で変えたいと思うなら、そして、「生きるのは大変だ。人生は苦労の連続だ。コップにはいつも、水が半分しか入っていない」という間違った思い込みを書きかえたいと思うなら、それに代わる新しい思い込みを脳に注入しなければならない。

脳は私たちの知らぬ間に、体にメモをどんどん送りつけ、それが中枢神経系、筋肉、腱《けん》、関節などを動かしている。そして体のほうも、緊急の携帯メールへの返信よりもずっと早く、脳にメモを送り返しているのだ。

しかしありがたいことに、あなたの脳には、専門家が「神経可塑性」と呼んでいる能力がある。つまり、新しい神経回路を作る能力のことだ。脳はただの灰色のかたまりにしか見えないかもしれないが、実際の姿はネットワークの集合体だ。そして、その中でもよく使われるネットワークがさらに強化されていく。つまり、よく使われる道ほど、ハイウェイのように頑丈で走りやすい道になるということだ。使われないネットワークも消えてしまうわけではないが、田舎の細い道のようにどんどんさびれていく。

今から紹介するテクニックを使えば、機械的な脳の反応を変えることができる。習慣的に「ああ、なんて悲しいんだ」と悲嘆にくれる回路を遮断し、新しい神経の通り道を作って、自然と喜びがあふれる状態への入り口を開くことができる。つまり、神経回路を味方につけるということだ。

この実験は三つのパートに分かれている。実験の目的はただ一つ、楽しさを受信するアンテナの感度を上げることだ。もしあなたが普通の大人なら、このアンテナは少しさびついてしまっているだろう。

［ゲーム❶］笑いで一日を始める

さて、このゲームでは音楽に合わせて簡単な運動をしてもらう。名づけて「思考を現実化するための美容体操」だ。

あなたはただ、今から三日間、朝の習慣をほんの少し変えるだけでいい。そして実験でコツをつかんだら、実験が終わってからもずっと続けてもらいたい。歯磨きやシャワーと同じように、朝の習慣の一部にしてしまおう。

朝起きてからの五分を「いい気分」になるために使うのは、カーナビをセットするのに似ている。または、ゴルフのスウィングの前に、ボールを飛ばしたい地点を確認するのにも似ているだろう。

それでは、やり方を説明しよう。

今から三日間、朝の五分を使って（たったの五分だ）、「気分がよくなるパーティ」を脳に送り込む。

1．次にあげた曲のどれかを聴く。携帯やスマホ、パソコンで簡単に聴くことができる。これを目覚ましのアラーム音にしてもいいだろう。今日からそれが、あなたの朝のテーマ曲だ。まだ聴いたことがない人は、ユーチューブで聴いてみよう。

・LMFAOの「パーティー・ロック・アンセム」
・ファレル・ウィリアムスの「ハッピー」
・ルイ・アームストロングの「この素晴らしき世界」
・アメリカン・オーサーズの「ベスト・デイ・オブ・マイ・ライフ」
・R・ケリーの「アイ・ビリーブ・アイ・キャン・フライ」
・ボブ・マーリーの「三羽の小鳥」
・クール・アンド・ザ・ギャングの「セレブレーション」
・ジェームス・ブラウンの「アイ・ガット・ユー（アイ・フィール・グッド）」
・ブラック・アイド・ピーズの「アイ・ガッタ・フィーリング」

2．次の動きをする
・歓声を上げながらこぶしを突きあげる。これを五回くり返す
・ワールドカップの決勝戦で、勝ち越しのゴールを決めた南米のサッカー選手のように、大喜びする

・歯を磨きに洗面所に行くときにムーンウォークをする
・外に出て両手をいっぱいに広げ、朝日を歓迎する。こちらが頼まなくても、お金を払わなくても、毎朝必ず昇ってくれる太陽に感謝する

毎朝ファレル・ウィリアムスの「ハッピー」を聴きながら歯磨きをするようになってから、私は文字通り脳の構造が変わり、ストレスのレベルが低下した。そこにこぶしを突きあげながらのダンスも加えると、どんなに強力なドラッグよりもハイになれる。ドーパミン、セロトニン、オキシトシンなど、「幸せホルモン」とでも呼ぶべき、たくさんの自然なドラッグが脳内に分泌されるからだ。

［ゲーム2］「大笑いさせてください」とFPにお願いする

自分を楽しませるもの、自分を大声で笑わせるものをFPに注文する。今から七二時間以内に届くことを期待する。

［ゲーム3］すべてに感謝する

今から三日間、身の回りで起こるすべてのことに感謝すると決める。感謝するのは、た

とえば娘が学校で描いた絵や、お隣さんの庭に咲いたアジサイにだけではない。冷蔵庫に入れておいた残り物のチャーハンを探しているときに、上のほうからマヨネーズのビンが降ってきても「ありがとう!」と言う。

またはは仕事に遅刻しそうでスピード違反をしているときに、警官に見つかって止められても「ありがとう!」と言う。

実験レポートシート

■**命題**：「朝いちばんの力」の命題

■**セオリー**：楽しめば楽しむほど、人生はうまくいく。

■**質問**：喜びが人間にとって自然な状態だというのは本当だろうか？　たとえ無職でも、配偶者や恋人がいなくても、お金がなくても、幸せになれるというのは本当だろうか？

■**仮説**：悲観的なことばかり考えるのをやめれば、もっと喜びを感じるようになり、その結果さらにいいものを引き寄せる。

■**所要時間**：72時間

■**今日の日付**：＿＿＿＿＿＿＿＿　**時間**：＿＿＿＿＿＿＿＿

■**実験開始の言葉**：パム・グラウトに教えてもらった簡単な方法に従って、朝いちばんの習慣を変えてみよう。元気の出る歌を聴いて、ノリノリで踊る。そして実験を始める前と、実験が終わってからの心の状態を記録し、両者を比較する。
加えて、この３日間で何が起ころうとも、必ず「それはすばらしい！」と言うことにする。そして、何か大笑いできるものを宇宙にお願いする。

■**実験開始時の気分**：＿＿＿＿＿＿＿＿

■**実験終了時の気分**：＿＿＿＿＿＿＿＿

■**実験メモ**：＿＿＿＿＿＿＿＿

実験 **2**

赤い薬の命題

ミーム：人生が私を振り回す
ワールドビュー2・0：人生は私の中から生まれる

さあ、神様を楽しませよう！

映画『マトリックス』で、主人公のネオはある選択をせまられる。青い薬を飲んで、今まで通り架空の現実の中に暮らすか、それとも赤い薬を飲んで、プログラムされた架空の現実から抜け出し、自分本来の力を発揮するか。

この実験では、あなたにも、赤い薬を飲むチャンスが与えられる。

前作『こうして、思考は現実になる』でも、たくさんの赤い薬が与えられ、たいていの人は喜んでその薬を飲んだ。そこで、薬を配った私はすぐに気がついた。この種の本を書くなら、たくさんの宇宙からのサインや、不思議な偶然を自分で経験したり、体験談を直接聞いたりしていなければならない。

私はこれまでにいろんな本を紹介してもらった。たとえば、天体物理学者のバーナード・ハイシュが書いたすばらしい本もその一冊だ。先住民のウィチタ族の血を引くある検察官が、ランチをごちそうしてくれたときに、「この本を読みなさい」と言ってわたしてくれたのだ。その『神の理論（The God Theory）』は、私の考えの多くを裏づけてくれていた。「究極的に、物質、エネルギー、自然の法則の起源は、すべて意識である」とハイシュは言う。「この宇宙が存在するのは、神が自らの潜在能力を経験するためだ」

そこで、神にその能力を十分に体験してもらうことにしよう。祝福と、喜びと、この上ない楽しさに満ちた体験を神にしてもらうために、『こうして、思考は現実になる』の「フォルクスワーゲン・ジェッタの法則」から導き出される命題を証明する実験を行う。

ここでもまた、自分の思考、感情、思い込みが、自分のまわりの現実を作っているということを証明する。普段は「ただの偶然」で片づけてしまっていることも、実は自分の意識が作り出しているのだ。

失ってしまった「直感の力」を鍛え直そう

二〇一四年の確定申告の時期に、税理士事務所のH&Rブロックが見事な広告キャンペーンを展開した。「アメリカ人よ、自分の一〇億ドルを取り戻そう」というスローガンで、コマーシャルには、巨大なフットボール・スタジアムで客席の売り子さんが座席に五〇〇ドルずつ置いていくというシーンが登場する。この広告キャンペーンが訴えていたのは、自分で税金を計算して申告している人たちは、節税のチャンスをかなり逃しているということだ。つまり私たちは、正当な理由で自分のものにしていいお金を、税金として国に払ってしまっている。

この実験が言いたいのも同じことだ。

ただし、税金の場合はお金を損していたが、ここで損するのはお金ではない。**それは宇**

宙から送られてくる貴重な情報やお告げだ。宇宙は必死になって気づかせようとしているのに、私たちときたら、人生で役に立つ貴重な情報をまるっきり無視してしまっている。目に見える表面的な世界だけを信じ、小さなファインダーから見える景色だけを見ていると、宇宙の大きさを見逃してしまうということだ。

「使わなければ、失うだけだ」

この格言は、普通は体力や知力のことを言っている。「来週のマラソンレースにぜひ出たいけれど、もう二年もジョギングシューズをはいてないの」「昔はアラビア語がぺらぺらだったんだけど、アラビア語を話す友達がサウジに帰ってしまったので、もう『ありがとう』も言えなくなってしまった」というようなことだ。

そして、**「使わなければ、失うだけだ」の格言は、体力や知力だけでなく、直感力にも当てはまる。**より高い次元に到達する能力は、あまり価値を認められていないが、私たちが生まれながらに持っている貴重な財産だ。

みなさん、あの高い次元には、私たちの友達がいるのだ。私たちは、この巨大な宇宙の愛のエネルギーとつながっている。必要なものは、すべてこの宇宙のエネルギーが届けてくれる。問題は、私たちがぼんやりしていることだ。**すべての瞬間で貴重な情報が送られ**

てきているというのに、私たちはまったく気づいていない。寝ぼけた意識にすべてを任せているために、この多面的で巨大な宇宙を、小さな靴箱の中に閉じ込めてしまっている。

宇宙からの情報は、すでにあなたのそばにある

前にも言ったように、別の次元にある世界は、電波に乗った携帯メールのメッセージのように、あたりを縦横無尽に飛び交っている。

その別の次元にアクセスするには、ただ意識を向けるだけでいい。気づいたものを意識の中で拡大しようという決意だけでいい。みなさんもご存じのように、人間の脳、特に前頭前皮質と呼ばれる部分は、入ってくる情報を処理している。情報を読み取り、データを分類し、フィルターにかけ、元から入っているプログラムに基づいて現実の世界を作りあげる。このプログラムが、受け入れる情報とブロックする情報を決め、できることとできないことを決めている。

もっと高い次元の、エネルギーの領域で起こっていることは、この処理の過程であらか

たブロックされてしまう。脳が取り入れているのは、もっぱら五感で知覚できることや、身近にある物質の存在だけだ。

しかし、人間の五感が知覚できる範囲を超えたところに、貴重な情報が山のように存在するのだ。それなのに私たちは、まるで勧誘の人が玄関先にやってきたときのように、その情報をめんどくさそうに追い払ってしまっている。**目に見えないエネルギーを、ただ目に見えないという理由だけで拒絶していると、あらゆる貴重な導きや教えを逃してしまうことになるのだ。**

きっとあなたは、たとえ目に見えなくても、電子レンジのマイクロ波や赤外線の存在は信じているだろう。なぜなら、ゆうべの残り物を電子レンジに入れればたしかに温かくなるし、リモコンのボタンを押せばたしかにテレビのチャンネルは変わるからだ。

それと同じだ。頭を柔らかくして、意識を研ぎ澄ませ、紛れもない導きや教えを要求すれば、必ず直感の力で人生を変えることができる。

ベストセラー『奇跡的治癒とはなにか』(日本教文社)の著者であるバーニー・シーゲル医師も、見えない次元に導きが存在することを信じている。シーゲルもまた、宇宙に要求することで、不可能だと思われるような治療法や情報を手に入れてきた。シーゲルにそんなことができたのは、宇宙の教えを受け入れる柔軟さがあったからだ。

彼はこの宇宙の教えを、医学だけでなく、個人的な問題でも活用している。**たとえば今から数年前、マラソンに挑戦しようか悩んでいたときに、宇宙に答えを要求した。すると一日もたたないうちに、二六ペニーを見つけたのだ**――二六は、マラソンの距離をマイルで表したのと同じ数字だ。

ベストセラー作家を生み出した、驚くべき「お告げ」

FPは、あなたに向けてメッセージの書かれた紙飛行機を飛ばしてくれている。しかもそれだけでなく、あなたがこの人生で何かすごいことをするのを、いつも楽しみに待っている。宇宙はずっと昔から、あちこちにヒントをばらまきつづけている。

小説『リリィ、はちみつ色の夏』（世界文化社）は、最後に確認した時点で六〇〇万部売れている。三五か国語に翻訳され、映画にもなった。でもこのベストセラーも、もし作者のスー・モンク・キッドが無謀とも言える夢を大胆に追いかけていなかったら、この世に存在していなかっただろう。

一九九三年、ギリシャのクレタ島にある修道院で、キッドは聖母マリアのイコンの前で頭を垂れると、「どうか私に小説家を目指す勇気をください」とお願いした。

キッドは昔から書くことが好きだった。でも文章で生計が立てられるとは思わなかったので、看護学校で学んで資格を取り、看護師として働いていた。木の枝にぶら下がった聖母マリアのイコンに向かって、自分の夢をはっきりと口にしたあの日まで、彼女は主に自分の人生を題材にしたノンフィクションを書いていた。夫のサンディと、二人の子供の物語だ。

ギリシャから戻ると、キッドは小説の執筆を始めた。寝室の壁がミツバチだらけになっている女の子が主人公だ。最初の章を書き終えると、創作教室に持っていき、先生をしていた大学教授に見せた。「なかなか興味深い」と、先生は言った。「でも成功する可能性は小さいでしょう」。彼女はずっと長編小説を書きたいと思っていたが、その第一章だけで短編小説として完成させると、それきりその話のことは忘れていた。しかし、完全に忘れたわけではなかった。

その物語は六年間かけて、キッドの中で熟成されていった。六年たち、何冊かのノンフィクションを出版した後で、彼女はまたギリシャにやってきた。今度は娘のアンの卒業祝いの旅行だった。彼女はもう更年期にさしかかっていたけれど、小説家になりたいという夢は、まだ彼女の心の中で強く脈打っていた。ギリシャのエペソで、かつて聖母マリアが暮らしていたと言われる家の前に広がるオリーブ林の中に立ち、彼女はまたあの質問をしてみることにした。


具体的なお願いはもう何年もしていなかったけれど、それでも彼女は小説についてまた尋ねてみた。**彼女は導きが欲しかった。はっきりしたお告げが欲しかった。**

お祈りをすませ、娘と合流するとすぐに、一匹のミツバチが彼女の左肩に止まった。娘のアンは、反射的にミツバチを払いのけようとしたけれど、スーはそれを止めて、首を振った。まるで、「ダメよ、これはミツバチだから。そう、ミツバチなのよ」とでも言うように。

二人は歩いて丘を下り、聖水をたたえた泉の脇を通った。そしてツアーバスに戻るまで、ミツバチはずっとスーの肩に止まっていた。

「変なミツバチね」と、アンは感心したように言った。「まるでママの肩に棲《す》みついてしまったみたい」

「このハチはね、教えてくれているの。私が今から家に帰って、六年前に書きはじめた小説を完成させるってね」

新しい人生を始めるのに、遅すぎることなんてない

自分の思考や意識が持つ力を発見してしまったら、もう後戻りはできない。もう昔の状態に戻ることはできないのだ。

この新しい知識を使わないという選択ならできる。『マトリックス』のサイファーのように、赤い薬を飲んだことを後悔し、「あんなものはおまえのケツの穴にでも突っ込んでろ」とモーフィアスに毒づくことならできる。

でも、現実の世界は映画とは違う。現実の世界では、チャンスは何度でもやってくる。

たいていの人は、自分には「賞味期限」のようなものがあると思い込んでいる。一九八

六年が最後のチャンスだったとか、あれを断ってしまったのが運の尽きだとか勝手に思っているが、そんなのはすべて、とんだ勘違いだ。チャンスは次から次へと現れる。ボートに乗り遅れることは絶対にない。だって、次のボートがすぐ後ろで待っているのだから。

プラム・プディングの不思議な奇跡

シェリル・ストレイドは『小さな美しいものたち（Tiny Beautiful Things）』という本の中で、匿名の人生相談員「シュガー」に扮《ふん》して、ニューメキシコ州でハイキングしたときのことを語っている。

あたりには誰もいない。数時間前から彼女はずっと一人だった。そして角を曲がると、別の一人旅のハイカーとばったり出くわし、そこにまた別の一人旅のハイカーもやってきた。三人は顔を見合わせて笑うと、自然とおしゃべりを始めた。そして話しているうちに、三人とも同じ誕生日で、生まれた年も三年続きだということがわかった。

また、ジャーナリストのアーサー・ケストラーは、あるフランス人男性の話を書いている。その男性がオルレアンに暮らす少年だったころ、両親の家を訪ねてきたある人からプラム・プディングをもらった。ミカエル・ドゥ・フォルジュボーという名前の訪問客は、少年の心に、プラム・プディングと同じくらい強い印象を残した。

そして時は流れ、大人になった少年がパリのレストランで食事をしていたときのことだ。メニューにプラム・プディングを見つけ、注文したところ、ウェイターからちょうど最後の一切れが売れたところだと言われた。ウェイターに教えられてその最後の一切れを注文した紳士のほうを見ると、他でもない、あのミカエル・ドゥ・フォルジュボーだった。男性は、両親の家でプラム・プディングをお土産にもらったあの日以来、フォルジュボーにまったく会っていなかった。

それからまた時は流れ、男性はある家のディナーパーティに招待された。テーブルの上にプラム・プディングが出てくると、彼は出席者たちに、あの不思議な偶然の話をした——パリのレストランでプラム・プディングを注文したら、子供のころにプラム・プディングをくれた人も偶然同じ店にいたという話だ。男性が話をしていると、来客が玄関をノックした。**そこに入ってきたのは、とても年を取り、足取りもおぼつかなくなったあのミ**

カエル・ドゥ・フォルジュボーだった。他の家のディナーパーティに招待されていて、家を間違えたのだった。

こういった不思議な偶然は、無限の力を持つFPが本当に存在する証拠である。そして私たちはみな、このFPとつながっている。このFPとのつながりが、フォルクスワーゲン・ジェッタの法則（あなたはFPに影響を与え、自分の信じていることや期待していることをFPから引き寄せる）の科学的な説明でもある。

シンクロニシティという言葉を提唱した心理学者のカール・ユングは、こういった不思議な偶然は、隠された宇宙の秩序の現れだと信じていた。

たとえば私も、人生で一度だけ行ったシドニー大学の図書館で、同郷のカンザス出身の留学生に会ったことがある。私はそのとき、街の反対側にあるマクォーリー大学に通っていた。他にも、五年間会っていなかったおじとおばに、メキシコのファアレスにあるレストランでばったり会ったこともある。こういった私の体験も、精神と物質が結びついていることの証拠だ。ユングはこれを「非因果的関連の原則」と呼んでいる。

ユングの説によると、精神の中に強い欲求が現れると、隠れたつながりが、欲求をかなえるために形となって現れる。そして私の考えでは、たとえ欲求が大して強くなくても、隠れたつながりは機能していて、私たちにサインやメッセージを送ろうとしているのだ。ワールドビュー2・0の世界は、以前に考えられていたよりも、全体がもっと複雑にからみ合っている。

FPと自分の間にあるつながりを自覚すればするほど、エネルギーの働きを自分の有利になるように活用できる。それなのに私たちの多くは、宇宙とのつながりを認めるよりは、この切り離された感覚にしがみつくことを選んでしまう。宇宙がノンストップで愛や祝福を送ってくれていることを認めようとしない。

シェリーという読者が、こんな物語を送ってくれた。旅行でパリを訪れたときのことだ。ノートルダム大聖堂の中のベンチに座り、痛くなった足を休めていた。旅行には靴を一足しか持ってこなかったが、歩き回るのにはあまり向いていなかった。予算は一日に二〇ドルなので、新しい靴を買う余裕はない。そのとき、シェリーは直感的に立ち上がると、そこを出て左に曲がった。そしてしばらく歩くと、ゴミ箱の上に新しい黒のブーツが置いてあった。まだ誰もはいていないまったくの新品で、サイズもぴったりだった。

これは実質的に、宇宙からシェリーへの贈り物と言っていいだろう。

この宇宙は複雑にからみ合いながら、全体がある秩序に従って動いている。私たちは、そんな宇宙で発生する「偶然」や「シンクロニシティ」を、さまざまな枠組みを使って説明してきた。ある人はそれを「天使のお告げ」と呼ぶ。まっすぐ進めば大惨事になっていたようなときに、右に曲がれと教えてくれるような声だ。または、図書館である本が棚から落ちてきたりするのを、運命と呼んだり、単なる偶然と呼んだりする。他にも、昔からよく言われているように、「偶然は、自分の姿を隠しておきたいという神の願いの表れだ」という考え方もある。

何と呼ぶかは、ここでは関係ない。大切なのは、とにかくその力を活用することだ。

本当にあった話

カイロプラクターで、神経医学、脳の機能、脳神経科学を学んだジョー・ディスペンザ博士によると、ある現実を創造するには、ただ精神を集中させるだけでいい。世の中の親たちは、たいてい子供に「おとぎ話を信じてはいけません」と言い聞かせるが、ディスペンザ博士は自分の子供に宇宙の無限の力について教えてきた。欲しいものは何でも手に入ると、子供たちに言って聞かせてきた。**自分の頭と体に信じ込ませれば、それが本当のことになる。**

ある夏、一五歳の娘が出演するユーチューブのビデオがネットで話題になると、博士は娘にこう尋ねた。「さて、次はどうしようか。今度はどんな現実を創造したいかな?」

娘は考えるまもなくすぐに答えた。「思いっきりショッピングがしたい。好きなものを好きなだけ買うの」

普通の親だったら「そんなの絶対にいけません!」と叱っているところだろうが、ここでも博士の対応は普通とは違った。博士はうなずくと、こう言った。

「なるほど。ではこうするといいだろう。人生で最高のショッピングを体験している自分を思い描くんだ。目を閉じて瞑想《めいそう》しながら、最高のショッピングを細部まで鮮やかに想像する。それを毎日続けよう。瞑想が終わって目を開けたときの自分は、瞑想する前の自分とはまったく違う人間になっている。**本気で『買って買って買いまくった』という気分になっていることが大切だ**」

「わかったよ、パパ」と娘は答えた。博士はまだ、脳の回路を変えるとか、買い物が実現したと体に信じ込ませるとか、そういう学校の授業のような話を続けていたが、娘はまったく聞いていなかった。

それから一か月か二か月たったある日、ディスペンザ博士がワシントンD．C．でタクシーに乗って講演の仕事に向かっていると、携帯に娘から電話がかかってきた。

「パパ、すごいことがあったの」。娘は大興奮だ。

「落ち着いて。何があったか話してごらん」

「たった今、思いっきりショッピングをしたところなの」

話を聞いてみると、どうやら彼女はカリフォルニア州のサンタモニカで友達とショッピングをしていたようだ。二人がお気に入りの店で商品を眺めていると、知らない男性が近づいてきて友達に話しかけた。「サム・バレッリの娘さんかな？」

友達は黙ってうなずいた。知らない大人になれなれしく話しかけられて不安そうだった。

「こんなことを尋ねたのは、何か月か前にサムに大変お世話になったからなんだ。どうにかして恩返しをしたいと思っていた」

彼はポケットに手を入れると、会社のクレジットカードを取り出して二人にわたした。

「今日の午後いっぱい、このクレジットカードを二人で好きに使っていいよ」

「なるほど」と、ディスペンザ博士は言った。「それで、いくらだったのかな?」

「七五〇〇ドル」と娘は答えた。「でも、話はまだ終わりじゃないの。いちばんうれしかったのは、七五〇〇ドルも使えたことじゃなくて、ショッピングがすごく楽しかったことなの。空想のショッピングよりもずっと楽しかった。**それにね、パパ。私は自分の想像力でこの現実を作ったんだよ」**

本当にあった話を、もう一つ

『こうして、思考は現実になる』のプロモーション活動をしているときに、『その望みは宇宙がかなえてくれる』(サンマーク出版)という本の存在を知った。カイロプラクターのレズリー・ウェルズ博士のラジオ番組に出演してインタビューを受けたときに、博士に紹介してもらったのだ。彼女はもう何年も前から、この本の内容を実践しているという。生涯の愛も、この本に書かれた「宇宙に注文する」という方法で見つけたそうだ。

私は興味を持った。そこで逆に博士に質問をした(だって私もジャーナリストだから)。彼女の説明によると、**宇宙に注文するのはそんなに難しいことではない。ただ欲しいもの**

を宇宙にお願いするだけでいい――新しい仕事でも、新しい車でも、何でもいい。博士の場合は、夫を宇宙に注文して、見事に手に入れたというわけだ。『こうして、思考は現実になる』的に表現すると、欲しいものを「意図する」のと同じということになるだろう。

『その望みは宇宙がかなえてくれる』の著者のベルベル・モーアはドイツ人で、本の中で宇宙に注文を出す具体的な方法を説明している。ただ欲しいものを紙に書き、配達希望日も合わせて書くだけでいい。残りの仕事はすべて宇宙がやってくれる。著者はこれを「宇宙の通販」と呼んでいる。アマゾンに最新ベストセラーを注文するのと同じようなものだ。違いは、お金が一切かからないこと。お金がかからないのはいいことだ。

BBCのキャスターのノエル・エドモンズがこのベルベル・モーアの本を紹介すると、「宇宙に注文する」という方法はイギリスでも一大ブームを巻き起こした。

エドモンズはこの本を、かかりつけのマッサージ師にもらった。しかしそれは、ちゃんとした本ではなく、ただページをコピーしただけだった。

しかしそのコピーの紙の束が、彼の人生を変えることになる。彼のヒット番組「ディール・オア・ノー・ディール」が生まれたのも、宇宙に注文を出した結果だった。南フランスの自宅と新しい妻もそうだ。実際、当時のイギリスでは、テレビのコンテストの勝者が「宇宙に注文を出したおかげです」と言うのがとても流行《はや》っていたほどだ。

ベルベル・モーアは、二〇一〇年に亡くなるまでにさらに何冊か「宇宙への注文」に関する本を書いているが、そもそも彼女は、こういう話を信じるタイプではなかった。

最初に宇宙に注文を出したのは、ポジティブシンキングをしつこく布教する友達を黙らせるためだった。当時独身だったモーアは、ついに我慢できなくなってこう言った。

「つまり、ポジティブシンキングだけで理想の夫が見つかるってこと？　わかった。じゃあ賭けましょう」

そこで彼女は、理想の男性の特徴をリストにした。そして仰々しく宇宙に「注文」を出し、配達日を決めると、それきり注文のことは忘れていた。

そして、配達日に決めたまさにその日に、注文した特徴をすべて備えた男性からデートに誘われたのだ！

これはもう信じないわけにはいかない。彼女は友達に賭け金を払うと、また新しい注文を出した――夢の仕事、必要なお金を全部、そして住居と仕事場にするお城を注文し、すべてを手に入れたのだ。

彼女はこう言っている。

「どちらにしろ、私たちはいつも注文を出している――ただ、たいていは無意識のうちにやっているというだけだ」

実験2の取り組み方

この実験は、前作『こうして、思考は現実になる』のおさらいだ。「引き寄せ」の筋肉をほぐして、人生は自分が考えた通りになるということを再確認する。

このすべてのものが網の目のようにつながった世界は、物理学者は「零点場《ぜろ》」と呼び、私は無限の可能性のフィールド（ＦＰ）と呼んでいる。そのフィールドに、すべての可能性が存在する。

今から七二時間、次の八つの「可能性」を積極的に探す。目をしっかりと開き、八つの可能性を自分の意識の領域に引き寄せることをはっきり意図する。ここで証明するのは、それらの可能性を宇宙に「注文」すれば、注文通りのものが届くということだ。

アマゾンに最新のゲームソフトを注文するときは、注文通りの商品が届けられて当たり前だと思っているだろう。ここでも、それと同じくらいに、八つの可能性を見つけるのは「当たり前」だと思うことが大切だ。

・腹を抱えて笑う
・子供のころに遊んだおもちゃ
・高校時代に大好きだった曲
・222という数字
・ビーチボール
・おしゃれな帽子をかぶった老人
・赤ちゃんの笑顔
・自分宛のメッセージが書かれた広告

さあ、宝探しのつもりで取り組もう。
宝探しは、私が子供のころに大好きだった遊びだ。子供のような素直さと、心から遊びを楽しむ姿勢が、引き寄せのいちばんのコツだ。

そして、もし本気で楽しくやりたいと思っているのなら、実験を始めるときに、赤い飴《あめ》かジェリービーンズを「赤い薬」に見立てて食べてみよう。

このすばらしいアイデアを提案してくれたのは、読者の一人のメアリー・サルヤーズだ。彼女は赤いジェリービーンズを入れたビンをいつも机の上に置き、そして「選択の瞬間」が訪れるたびに、赤いジェリービーンズを食べて、好きな現実を選べるということを思い出すようにしているという。

実験レポートシート

■命題：赤い薬の命題

■セオリー：私たちの思い込みや期待が、可能性のフィールドから引き寄せるものを決めている。

■質問：自分が期待したものだけを見るというのは本当だろうか？

■仮説：リストにした８つのものを見ると決めたら、本当に見ることができる。

■所要時間：72時間

■今日の日付：＿＿＿＿＿＿＿＿　**時間**：＿＿＿＿＿＿＿＿＿＿＿＿

■実験開始の言葉：もしこの実験が成功したら、世界は自分の見たいものだけを反映した姿だということになる。そこで、今から３日間、次の８つのものを探すことにする。

・腹を抱えて笑う
・子供のころに遊んだおもちゃ
・高校時代に大好きだった曲
・２２２という数字
・ビーチボール
・おしゃれな帽子をかぶった老人
・赤ちゃんの笑顔
・自分宛のメッセージが書かれた広告

■実験メモ：＿＿＿＿＿＿＿＿＿＿＿＿＿＿＿＿＿＿＿＿

実験 3 「自分の物語」の命題

ミーム：物事は善と悪、白と黒にはっきり分けなければならない

ワールドビュー2・0：何事にも「絶対」ということはない。ただ勝手に「絶対」だと思い込んでいるだけだ

自分を苦しめる「思い込み」とは？

いつも物事を「いい」と「悪い」に分けると、自分で自分の首を絞めることになる。

たしかに、人生をきちんと理解するには、「いい」「悪い」の判断は必要なように思える。

でも、何かを「理解する」というのは、その何かからパワーを奪うのと同じなのだ。

……「よくわからない」と思った人も、安心してほしい。ちゃんと説明しよう。

つまり、「あの木はオーク」「あの子は不良」「向こうにあるのはソファー」というように、**何かを理解したつもりでレッテルを貼ると、他の可能性はすべて排除されてしまう**ということだ。

オークの木は、もしかしたらリスのお家であるかもしれない。不良の子はもしかしたら才能あふれる芸術家かもしれない。ソファーはベッドになるかもしれない。それなのに、何かを完全に理解したつもりになると、もう他の可能性を探さなくなってしまうのだ。

そして何よりも、**この実験は、「常識」という古くさい思い込みを検証することを目指している**。実験にかけられる時間は三日間だけなので、宇宙、神、天才の独創性といった、本当に絶対的な存在かもしれないものは除外しよう。ここで検証するのは、私たち自身に対する「絶対」という思い込みだ。

たとえば、「私は写真写りが悪い」「私は恋愛運がない」という思い込みは、絶対的な真実だろうか。「私は稼ぎが悪い」「この愛のない関係を終わりにすることができない」という思い込みはどうだろう。**私たちの誰もが、こういった自分に対する思い込みを持っている。証拠のあるなしに関係なく、その思い込みにしがみつき、絶対に本当だと信じている。**

たとえば、私にとっての思い込みは、「人前で話すのが苦手」というものだった。「大勢の人が見ている前でステージに上がるなんてできない」と信じていたし、「私は人前で話すのが苦手だ」と、何度も何度も口にしていた。

友人たちはみんな、この「なんてかわいそうな私」の物語を、私からもう一〇〇〇回は聞かされている。**でも実際は、「人前で話すのが苦手」という考え方が真実なら、その正反対の「人前で話すのが大好きで、話がうまい」という考え方も、同じくらい真実なのだ。**

量子の世界、無限の可能性のフィールドの世界では、すべての現実が同じように真実だ。つまり、「絶対的な真実」などというものは存在しない。

私のことを「人前で話す技術が未熟」と定義するのは、たくさんある可能性のうちのたった一つを見ているにすぎない。「私は講演の才能がある」という可能性だってもちろんある。それだって立派な「真実」だ。今までに「私は人前で話すのが苦手だ」という言葉を何度くり返していようとも、それ以外の可能性もあるという事実に変わりはない。

私の精神をフロイト的に分析すれば、「人前で話すのが苦手だ」と思い込むにいたった理由がきっとたくさん見つかるだろう。たとえば、弱音を吐くとまわりから同情してもらえるからという理由も考えられる。その言葉を口にするたびに、友人たちはいつも自分に与えられたセリフをきちんと言ってくれた。

「でもパム」と彼らは言う。「あなたの話はいつもすごくおもしろいじゃない。みんな大笑いだよ。むしろ人前で話すのが得意なんじゃないの？」

「もっと言って！　もっと言って！」と、私はいつも心の中で叫んでいた。

つまり、私の思い込みにも、それなりの利点があるということだ。みんなに慰めてもらえるし、それに、本当はやりたいはずのことにチャレンジしないための、いい言い訳にもなる。

でも、この退屈でネガティブな決まり文句をくり返すたびに、私は「人前で話すのが苦手」という現実をどんどん育ててしまっている。「人前で話すのが苦手」というバケツの中身を増やし、一メートルも持ち運べないほど重くしてしまっている。

でも、そんな「思い込みの詰まったバケツ」なんて、さっさと下に置いたほうがいい。そうすれば、すぐにでも「人前でも自信満々で話せる自分」になれる。

「問題をなくそう」と思うほど、問題は増える

たいていの人は、世の中には「いい人」と「悪い人」がいると思っている。

魔法のステッキを持った善玉と、黒いとんがり帽子をかぶって、曲がった鼻を持った悪玉だ。

「善と悪」「勝ちと負け」「私とあなた」という対立構造は、まるで伝染病のように世界に蔓延《まんえん》している。でも、すべてのものを分類し、レッテルを貼るというのは、物事の可能性を半分にしてしまうのと同じなのだ。

正しい答えは一つしかないと信じていると、それ以外の可能性は否定されてしまう。選択肢は半分になり、個人の自由も半分になり、エネルギーも半分になってしまう。

ワールドビュー1・0では、世の中のすべてが敵だと考える。自然環境も敵、政治家も敵、食べ物も敵、自分の体も敵（だから毎年きちんと健康診断を受けて、異常箇所を探そうとする）、それに恋人さえも敵だ（相手の態度を注意深く監視し、「彼はそんなに私のこ

とを愛してない」という証拠を探す）。

こんなふうに、私たちはいつも問題ばかり探している。「悪いところは必ずある。いったい、それはどこなのか」という考えに取り憑《つ》かれているのだ。

ニュースも、政治家のスピーチも、自己啓発の本も、やっていることはすべて問題探しだ。私たちは薬を飲み、栄養ドリンクを買い、ヨガに精を出し、念仏を唱え、瞑想をして、世界のすべての間違いを正すという無駄な努力をくり返している。


でも、こうは考えられないだろうか。

もしかしたら、あらゆる問題を全滅させようとがんばりすぎた結果、かえって問題に力を与えてしまっているのかもしれない。問題を避けるためにあらゆる努力をした結果、かえってその問題を引き寄せてしまっているのかもしれない。


この実験で言いたいのは、「世の中は問題だらけだ」と大騒ぎしているそもそもの原因は、私たちの中にある間違った恐怖心だということだ。私たちは、もう五〇〇〇年にもわたって欠乏、限界、お先真っ暗という教育を受けてきたおかげで、ずっと変わらず私たちのそばにいる「善」に気づかなくなっている。

今から七二時間、みなさんにはまずその振り上げたこぶしを下ろしてもらう。戦闘モードを解除し、鎧《よろい》を脱いで、命の源であるエネルギーが自分の中に流れていることに気づいてもらいたい。**問題をなくそうと努力しなくても、そのエネルギーに任せておけば、必要なものはすべて運んできてもらえるだろう。**

「自分の物語」の持つ、強い力

人は誰でも、「自分の物語」を持っている。そしてグリム兄弟にでもなったつもりで、聞いてくれる人がいるかぎり、その物語を何度も何度もくり返す。

・「ダイエットが続かないの」
・「字が下手」
・「昔から計画性のない人間だから」

でも、そういった物語が、正反対の物語よりも真実に近いわけではない。ただ何度もくり返したから、真実のような感じがするだけだ。
正反対の物語が真実かもしれないし、または、真実はそれ以外の物語にあるのかもしれない。

そして、自分が信じている物語の中には、実際に役に立ってくれるものもある。たとえば私には、「私は才能あるライターだ」という物語もある。この物語を自分に向かって何度もくり返し、重みを与えてきたおかげで、これまでに一七冊の本を書くことができたし、好きなことを仕事にすることもできた。

ある物語を何度もくり返すことで、脳の中には、その物語を現実にするような神経の通り道が作られるのだ。

「現実」は、人によってまったく違う！

同じことをしても、人によってまったく違う結果になる。

たとえば、死ぬまでタバコを吸いつづけても、まったく肺ガンにならない人もいる。高カロリーのものや炭水化物など、太ると思われているものばかり食べているのに、スーパーモデルのような体型を維持できる人もいる。または、本書のような本をたくさん読んでも、まったく結果が出ない人もいる。

そして、同じ現実も、見る人によってまったく違う姿になる。

現実の姿は一つではないということを私が知ったのは、大学でジャーナリズムを学んでいたときのことだ。「レポートⅠ」のクラスで、架空の「事件」を題材にレポートをするという課題が与えられた。生徒にできるだけ現実に近い体験をさせてあげようという、先生の熱意の表れだ。

ジャーナリストの第一の信条は「客観性」であり、あらゆる偏見は排除されるべきであると教わっているが、生徒たちのレポートは、まるでオバマ大統領とプーチン大統領の見解と同じくらい、まったく違う内容だった。

他の生徒の発表を見ながら、私は考えた。「みんな本当に、私と同じ事件を見たのかしら?」

「たった一つの正しい答え」は存在しない

思い込みとは、ただの一つの思考にすぎない。ただ、何度も何度も考えただけだ。多くの人は、一度「これはこういうものだ」と思い込むと、それからはその思い込みの正しさを証明することに全力を傾けてしまう。でも、必死になって「正しい答え」と「間違った答え」を選別するのをやめ、決まった答えなど存在しないということを受け入れたら、いったいどうなるだろう。

「絶対的な現実」という概念を捨てれば、自分の思い込みを躍起になって正当化する必要もなくなるし、責任をなすりつける相手を探す必要もなくなる。**「正しい」と「間違い」が厳格に分けられる小さな箱の中に人生を押し込めるのをやめると、無限の可能性を使って、望むものは何でも創造することができる。**

判断を放棄するのはなかなか難しい。ワールドビュー1・0の世界では、たった一つの正しい答えを見つけることが、それこそ一大事になっているからだ。たった一人の理想のパートナー、たった一つの理想のキャリア、たった一つの理想のライフスタイル、などなど。こういう考え方は、私たちにとって大きなプレッシャーになるだけでなく、そもそも本当のことではない。量子の世界では、正しい答えは無数に存在する。

正しい答えはたった一つしかないと信じていると、見るからに間違った答えを選んだ人に対して、どうしても厳しくあたってしまう。でも、正しい答えは人によって違うと考えれば、批判したい気持ちをぐっとこらえ、もっと楽な気持ちで、無限の可能性に対してオープンになれるだろう。

本当にあった話

作家のミシェル・ロンゴ・オドンネルは、二五歳のころは看護師をしていた。職場は、当時はまだ全国でも珍しい存在だった小児科の集中治療室だ。

夫はベトナム戦争に従軍した元海兵隊員で、二人の間には二歳の娘がいた。そしてミシェルは、そのとき二人目の子供を妊娠中だった。子供のころに病気で左側の腎臓を摘出していたので、右の腎臓に負担がかかりすぎるのを心配した医師から、陣痛促進剤を使うことをすすめられた。

陣痛促進剤の点滴を始めてから二四時間後、小さな紫色の赤ちゃんが生まれた。しかし、出産予定日の計算が間違っていたために、娘のララは七か月で生まれてしまった。極少未熟児で、体重は一一〇〇グラムしかない。そのとき赤ちゃんは、まったく動かず、声も出していなかった。

赤ちゃんはヒアリン膜症と診断された。これは呼吸器の病気で、息を吸い込めなかったり、肺を膨らませることができなかったりする。生まれて最初の夜に、赤ちゃんは五回も心肺停止の状態になった。人工呼吸器を使い、一〇〇パーセントの酸素を肺に直接送っていたのに、脳と腎臓に十分に酸素が行きわたらなかった。一九七〇年当時、この状態になった赤ちゃんはほとんど助からなかった。

しかし、翌朝になり、医師から治療を停止する許可を求められると、ミシェルの中からある声が聞こえた。「大丈夫、すべてはうまくいく」と、その声は言っていた。ミシェル自身、六年の経験のある看護師だったので、脳に酸素が行きわたらないと知能に障害が残るということはよくわかっていた。それでも、治療を続けることを要求したのだ。

「あれはまるで、自分の中に二人の人間がいるようだった。一人はすっかり取り乱している。極度に心配性のいつもの私だ。気分が悪くなるまでタバコを吸い、血液検査の結果を一時間おきに問い合わせる。娘のようすをそっと見に行くと、娘はいつも必死に腕を振り回していた。まるでもっとたくさんの空気を肺に入れようともがいているみたいに。

でも、私の中にはもう一人の自分もいた。冷静で、落ち着いた私だ。量子確率論的に、『大丈夫、すべてはうまくいく』と確信していた」

ララが生まれて二日後、夫は彼女のもとを去った。そして、ララがついに集中治療室を出ることができてからの二年間、ミシェルは自分と子供たちの人生を少しずつ積み上げていった。その間ずっと、ララの知能障害を受け入れたことは一度もなかった。絶対に問題ないと信じていた。ララの病気が完治するという希望を捨てなかった。

「ネガティブな事柄に支配されないのが大切だと信じていた。それが私たちの人生そのものになってはいけない。もちろん、それに対処しなければならないこともあるかもしれない。でも、それを自分たちのアイデンティティにしてしまってはいけない」と、ミシェルは言う。

もちろん、問題が起こったら、それに対処しなければならない。でも、問題と自分を完全に同一視してしまうのは禁物だ。

たとえどんな状況でも、あなたはそのままで完璧だ。問題のことばかり考えると、無意識のうちに問題に執着してしまう。問題が解決するという可能性の芽を摘んでしまうのだ。対処するべきものに対処するのは大切なことだ。でも、問題のために神殿を建造し、祭り上げる必要はまったくない。

ララが二歳になろうとしていたときのことだ。ミシェルはララをおんぶすると、いつものようにクラッカーを食べさせようとした。それまでに何度もやってきたことだ。ララはそれまで、周囲の出来事に何の反応も見せなかった。医者が言っていたように、ほとんど植物状態だった。でも、クラッカーを与えられた瞬間、ララは母親に向かって笑顔を見せ、手を伸ばしてクラッカーをつかむと、自分で口に入れたのだ。それ以来、ララは急速に回復した。そして成長すると弁護士になり、テキサス州の司法長官の下で働くようになった。

実験3の取り組み方

この実験では、昔からの頑固な思い込みを一つ選び、それをひっくり返す。自分について「絶対的な事実」だと信じていることを一つあげ、その正反対の事実を裏づける証拠を探していく。

自分についての思い込みと言われて、きっと思い浮かぶものがあるだろう。何も思い浮かばない人は、参考までに、私の思い込みをいくつか紹介しよう（ありがたいことに、もう信じていないけれど）。

・私は人と話すのが苦手だ

・私は男運が悪い
・私はよく小さなミスをする

内容は何でもかまわない。ただ自分について昔から頑固に信じていることを思い浮かべてみよう。お気に入りのジーンズのように、いつも身につけているアイデンティティだ。

さあ、一つ選んだだろうか。それでは、今度はその思い込みを書き直す。実験を行う七二時間で、思い込みとは正反対の現実を裏づける証拠を探すのだ。今の今まで信じていたその思い込みと正反対の内容であれば、どんなにささいな事柄でもかまわない。

思い込みを手放す「証拠」の探し方

私が大学生のころ、「ハイ・ボブ」というゲームが流行っていた。コメディアンのボブ・ニューハートが出るテレビ番組を見ながら、テレビの中で誰かが「ハイ・ボブ」と言うたびにお酒を飲むというゲームだ。まあ大学生だったら、お酒を飲む言い訳ならどんなものでも大歓迎だろう。

この「ハイ・ボブ」ゲームは、テレビで「ボブ・ニューハート・ショー」が放送される夜は、必ず全国の学生寮やクラブの部室、一人暮らしのアパートで開催されていた。知らない人のためにざっと説明すると、この番組は一九七〇年代に始まったコメディで、ボブ・ニューハートが無表情の精神科医、ボブ・ハートリー先生を演じている。

さまざまな患者がボブの診察室にやってくる。そして当然ながら、入ってくるときに「ハイ・ボブ！」と挨拶するというわけだ。ボブの奥さんでも、秘書でも、または個性豊かな患者たちでも、とにかく誰かがこの重要なセリフを言うたびに、テレビを見ている私たちも大声で同じセリフをくり返し、ビールを一気飲みする。

私たちは椅子に前のめりになって腰かけ、この「ハイ・ボブ」というセリフが出てくるのを今か今かと待っていた。**あなたもそんな気持ちで、古い思い込みと正反対の現実を裏づける証拠を探してもらいたい。**

実験レポートシート

■命題：「自分の物語」の命題

■セオリー：何事にも「絶対」ということはない。ただ勝手に「絶対」だと思い込んでいるだけだ。

■質問：もしかしたら、これまで自分に貼ってきたレッテルや、自分についての思い込みは、すべて単なる幻想にすぎないのだろうか？　自分でそうだと信じてきたから、本当のように見えるだけなのではないだろうか？

■仮説：自分についての頑固な思い込みをひっくり返してみると、正反対のほうを裏づける証拠も同じくらいたくさん見つかる。

■所要時間：72時間

■今日の日付：＿＿＿＿＿＿＿＿＿　**時間**：＿＿＿＿＿＿＿＿＿＿＿＿＿

■答えを受け取る期限：＿＿＿＿＿＿＿＿＿＿＿＿＿＿＿＿＿＿＿＿

■実験開始の言葉：自分について昔から信じていることを１つ選び、今から72時間、その思い込みと正反対の事実を裏づける証拠を探す。

■実験メモ：＿＿＿＿＿＿＿＿＿＿＿＿＿＿＿＿＿＿＿＿＿＿＿＿＿＿

実験4 「私はすべてを愛している」の命題

ミーム：私とあなたで、世界を相手に闘っている（もしかしたら、あなたも味方ではないかもしれない）

ワールドビュー2・0：すべての人を愛し、すべてのものを愛すると、FPと一体になることができる

なぜ「あの人」は嫌な人なのか？

この実験では、自分が本当にすべての人を愛していることを証明する（まだそのことに自分で気づいていないだけだ）。

また、あなたが苦手だと思っている人は、自分自身の中の目を背けたい一面を反映して

いるにすぎないということも合わせて証明する。

今、一斉にブーイングの声が聞こえたような気がする。バナナの皮も飛んできているようだ。

「そんなことあるか！」と、あなたは叫んでいるに違いない。「あの上司を愛しているわけないだろう。あんな男、奥さんにだって嫌われているに決まっている」

または……

「義母を愛しているだなんてとんでもない。あの人に比べれば、テロリストだって子猫みたいなものよ」

誰かを怖がる、誰かを嫌う、誰かを批判する。そんなとき、人は可能性のフィールド（ＦＰ）から切り離されている。

ワールドビュー２・０で暮らすなら、その事実をきちんと受け入れなければならない。すべての魔法はＦＰで起きる。だから、早くパーティを始めたいのなら、一刻も早くＦＰと一体にならなければならない。

すべての創造主である存在（ＦＰでも神でも、好きな名前で呼んでかまわない）は、すべての人を愛していて、すべてのものを愛している。まるで一〇代の女の子がジャスティン・ビーバーに夢中になるように、ＦＰも私たちに夢中になっている。

ストリッパーと一緒に踊っていても、素っ裸でビールを飲んでいても、下品な金持ち自慢をしていても、ＦＰは変わらず私たちを愛している。

実はＦＰは、私たちのありのままの姿を見ている。ありのままの姿とは、巨大な愛にあふれ、光り輝く存在という意味だ。意地悪な気分になっているときも、誰かを批判しているときも、私たちは愛にあふれた本当の姿を失っていない。

実際のところ、他人を批判的に見ることそれ自体が悪いというわけではない。しかし、やはりやめておいたほうがいいだろう。なぜなら、**他人の中に欠点を見るとき（他人とはつまり、自分では別の存在だと思っているが、本当は自分を反映した存在だ）、人はＦＰとのつながりが断たれてしまうからだ。**あなたのエネルギーが流れるパイプを詰まらせてしまうのだ。

あなたが目にするすべてのものは、あなたの心が作り出している。あの嫌みで意地悪な義母は自分とは別の存在だと信じたいのはわかるが、実はその義母も、あなたの意識の中に存在している。彼女はただ、あなたが書いたメロドラマの中で、重要な役割を演じているだけだ。**あなたは、義母に自分とは違う人物の役を与えることで、自分の中にある一面から目をそらそうとしている。**

本当におかしいのは、他人を批判したり嫌ったりする人のほうだ。彼らは自分のエゴがついている嘘《うそ》を完全に信じている。ワールドビュー1・0の世界から抜け出せず、「人生は最低だ」という物語が本当だと思っている。

「人生は最低だ」という物語によると、私たちの役目は問題を見つけることであり、問題についての情報をすべて集めて分析することだ。どんな小さな事柄も見逃してはいけない。問題の根源を探り、問題に悩まされる理由を探り、責任をなすりつける相手を探す……。もうこうなったら、問題に取り憑かれている人たちでサポートグループを作り、ブログでも始めたほうがよさそうだ。

ある問題を取り除こうと躍起になると、かえってその問題が自分のアイデンティティになってしまう。問題を「追求」し、その問題を取り除くことに人生のすべてをかけていると、その問題に実力以上の力を与えてしまうのだ。

愚痴を言ってはいけない、本当の理由

インクジェットプリンターを持っている人なら、インクカートリッジのヘッドクリーニングをしたことがあるだろう。一色ごとに五本か六本の線を印刷し、全部きれいに印刷できていればヘッドは詰まっていないということだ。

私たち人間の日々の生活でも、プリントヘッドと同じことが当てはまる。きれいに印刷された線が並ぶように、FPと完全に同調していると、FPの力を何の抵抗もなく活用することができる。ヘッドが詰まっていない状態だ。インクがスムーズに流れ出てくるように、FPから愛や喜びがどんどん流れてくる。

でも悲しいことに、ほとんどの人は、FPのヘッドが詰まった状態で生きている。愛することと、前向きな期待を持つことの訓練をすればいいところを、なぜか問題だらけの嘘

の現実をしつこく分析している。

そんなとき、私たちはだいたい次のようなことを考えている。

・「私に優しくしなさい。そうすればあなたを愛してやってもいい」
・「まずお金を見せなさい。そうすれば喜びを感じてやろう」
・「まず、私に得をさせなさい。そうすれば話を聞いてやってもいい」

でも、世界はそういう仕組みで動いていない。それではFPと一体になることはできないのだ。

FPと一体になるには、すべての人を愛さなければならない。すべてのものの中に神の存在を認め、どんなときも幸せと喜びを感じなければならない。

「現実っぽく見えるもの」に、自分の感情をコントロールされてはいけない。愛、平和、完全な充足感しか知らないFPに同化しなければならない。

思い通りにしてくれない人の愚痴ばかり言うのは、自分をFPから切り離してしまうことと同じだ。FPには純粋な愛しかない。必死になって「現実っぽく見えるもの」の分析ばかりしている人は、ＦＰからどんどん遠ざかっている。

あなたにも、現実にしたい夢や希望があるだろう。ＦＰとつながりさえすれば、そのすべてがあっという間に現実になる。抵抗はまったくない。するっと自然に実現する。ＦＰと一体になれば、文字通りすべてのものが手に入るのだ。

大事なことなのでもう一度言おう。ＦＰと一体になりたいのなら、すべての人を愛し、すべてのものを愛さなければならない。「現実っぽく見えるもの」は、すべて過去の遺物だ。気に入らないものがあるなら、ただ無視していればいい。無視していれば、いずれ消えてしまう。もう過去の出来事だ。プリントヘッドの詰まりがなくなり、愛と喜びのインクがスムーズに流れ出せば、気に入らないものはもう存在しなくなるだろう。

人生のどんな状況でも叫ぶべき、「ある言葉」

人生が順風満帆で進んでいるときなら、感謝の心を持つのは簡単だ。でも、いろいろと

うまくいっていないように「見える」ときは、いったいどうすればいいのだろう?

その答えは、とにかく「ハレルヤ!」と叫ぶことだ。

人間は愚かな生き物なので、いつでも全体像を見通せるわけではない。たとえるなら、顔をくっつけて点描画を見ているようなものだ。近くで見る点描画は、ただの点の集まりでしかない。でも、後ろに下がって全体を見ると、ジョルジュ・スーラの「グランド・ジャット島の日曜日の午後」が目の前に広がるだろう。

ウェブサイト「インスパイア・ミー・トゥデイ・ドットコム」設立者のゲイル・リン・グッドウィンからこんな話を聞いた。

先日、彼女は何人かの女友達と一緒に出かける計画を立てた。そして出かける日の朝、メンバーの一人の娘が熱を出してしまった。彼女はゲイルに電話でその件を伝えると、自分の運のなさを嘆いた。するとゲイルは、いつもと同じように「それはすばらしいじゃない!」と答えたのだ。

「やだ、ちゃんと聞いててよ」と、友達は言った。「そうじゃなくて、私は行けなくなってしまったの」

するとゲイルは、また「それはすばらしいじゃない!」と言った。それはなぜか? ゲイルの言い分はこうだ――その友達は前から書類仕事を片づける時間が欲しいと言っていたのだから、これでちょうどいい時間ができたではないか。

友達もそれを聞いて、たしかにその通りだと思った。彼女はゲイルにお礼を言うと、その日は娘と二人で楽しく過ごした。**しかもそれだけでなく、インターネットを見ているときに、三年前からずっと欲しいと思っていた家が売りに出ているのを見つけたのだ。**自分の予算ではとても買えない家だと思っていたが、なんといつの間にか差し押さえ物件になっていて、価格が最初に見たときの四分の一まで下がっていた。

ゲイルはこう言っている。「彼女はついに、夢のお家を手に入れたのよ」

これでよくわかっただろう。**人生がどんな状況でも、まず「ハレルヤ！」と叫ぼう。そしてうまくいっていることを見つけ、大げさに喜び、心から感謝しよう。**

なぜ、人生には「問題」や「苦痛」が起こるのか？

人生で体験するすべてのことについて、「これは私の人生で最高の出来事だ」と言えるようになれば、ＦＰとつながることができる。

今のところ、たいていの人は心配事や問題のことばかり考えているだろう。社会を支配する常識が、限界と苦痛で成り立っているからだ。

でも、限界や苦痛ばかりの世界は、ただの誤解でしかない。私たちの意識が現実を間違って解釈しているだけだ。私たちは英語を話しているのに、意識はスワヒリ語を話しているようなものだ。究極の真実は、翻訳の過程でどこかに消えてしまった。

一つ例をあげよう。たとえば、自分の家が洪水で流されたとする――たしかにあまり歓迎できない状況だ。

実は私の友達で、実際に家が洪水で流された人がいる。二〇一三年の夏、コロラド州ライオンズが大洪水に襲われてほぼ街の半分が流され、全国でも大きなニュースになった。**でも、この大災害が、かえって街の住民のきずなを強めることになった。**洪水の前から愛は存在したが、日々の生活の影に隠れて見えなくなっていた。それがこの災害によって表に引き出されたのだ。

もちろん、まともな頭を持った人なら、洪水が起こってほしいなんて思うわけがない。それでも洪水がきっかけになって、ライオンズの街では、たくさんの愛と思いやりが表にあふれ出してきた。家を流された私の友達も、街の人々の優しさに触れて深く感動していた。たしかに電気は止まってしまったし、家財道具も流されてしまったけれど、いちばん大切なものは流されずに残っている——それは、コミュニティへの深い帰属意識であり、近所の人たちへの感謝の気持ちであり、あふれんばかりの愛だ。たとえば感謝祭の日は、地元の高校生が街の人たち全員のためにパンプキンパイを焼いてくれた。

問題や苦痛は、愛の暗号を解く重要なカギとなる。いつもの日常（ワールドビュー1・0）の中で暮らしていると、愛の言葉を聞くことはそんなに多くない。オーディション番組の辛口審査員にでもなったみたいに、いつも他人を批判ばかりしている。

私が思うに、人は誰でも、心のどこかで理解している。いわゆる「災害」や「愛のない人々」は、私たちの意識が創造したものだ。自分たちで築いた壁を破るために、そういう存在が必要なのだ。

しかし、愛というエネルギーの力は、いつでもそこにある。静かに脈打ちながら、姿を見せる機会を待っている。しかし悲しいことに、洪水のような悲劇がきっかけにならないと、私たちはなかなか愛の存在に気づくことができない。

つらい出来事が運んでくれる「人生の奇跡」

たとえば、性的虐待について考えてみよう。ワールドビュー1・0の世界では、性的虐待は絶対に悪いことだ。特に被害者が子供だったら、最悪の悲劇以外の何物でもない。でも、ルイーズ・ヘイの場合、その「恐ろしい」体験がなかったら、きっと今の彼女にはなっていなかっただろう。彼女は生後一八か月で両親が離婚し、貧困により五歳までは孤児院で過ごし、五歳から性的虐待を受けた。しかし今はスピリチュアルのゴッドマザーのような存在で、今までに文字通り何百万人もの人々を救ってきた。彼女は、この一見したところでは最悪の体験によって、自分の内なる知恵を発見し、自分という存在が愛そのものであるということに気づいたのだ。

一見するとつらい出来事も、実は姿を変えた奇跡であることが多い。自分がガンになるなんて納得できないと思うかもしれないが、それが真実への道になるかもしれない。新しい可能性の扉を開いてくれるかもしれない。決めるのは私たち自身だ。

だから、「なぜいい人に悪いことが起こるのですか」と尋ねるのはもうやめよう。もっといい質問は、「なぜいい人なのに、悪いことが起こるなんて考えるのですか」となるかもしれない。

「悪い」というのは、ある人の主観的な価値判断でしかない。そして、私たちの誰も、何かの価値を判断することはできない。それはまるで、オーディション番組に出ているアイドルに勝手に点数をつけるようなものだ。あなたは一視聴者であって、審査員ではないのだから、あなたの意見はお呼びではない。そもそも私たちに、何かを批評する資格はないのだ。

これから毎朝、目を覚ますたびに「今日は人生で最高の一日だ」と言うようにすれば、愛と喜びに満ちた世界と一体になることができる。そうすれば、世界中のすべての人と親友になれる。

いつの日か私たちも、わざわざ災難の助けを借りなくても、自然に愛を生み出すことができるようになるだろう。でもその日が訪れるまでは、審査員の仕事は辞退することにしよう。

本当にあった話

二〇一三年四月一五日、ボストンマラソンのゴール付近で、圧力鍋で作った爆弾が二か所で爆発した。手足を吹き飛ばされた人など、大勢の人たちが逃げ惑う姿が世界中で放送され、誰もが恐怖で息を飲んだ。

ジェームズ・コステロはゴール付近に立ち、幼なじみに声援を送っていた。そのとき彼の足元で、二つ目の爆弾が爆発した。その直後に撮影された写真には、ひどい火傷《やけど》を負い、服がぼろぼろになったコステロが写っている。

このコステロの写真は、悲劇の象徴のような存在になった。彼はマサチューセッツ総合病院に運ばれ、何度も手術を受けた。ブタの皮膚の移植手術も行った。そして二週間後、コステロは、今度はボストンのスポールディング・リハビリテーション病院に移された。こんな運命をあえて望む人は多くないだろう。

しかし、今のコステロはこう言っている。「実際、事件に巻き込まれてむしろよかったと思っているんだ」

つらいリハビリの最中に、彼はクリスタ・ダゴスティーノと出会った。美しい黒髪の看護師で、臨時で働いていたスポールディングで、たまたまコステロの包帯を交換した。コステロが彼女を、爆破事件の被害者のチャリティイベントに誘い、それをきっかけに二人の交際が始まった。そして二〇一三年の一二月、ヨーロッパの海をめぐる一〇日間のクルーズの旅に出ると、フランスのリヨンでコステロは彼女にプロポーズした。

「爆弾で吹き飛ばされるなんて体験はしないにこしたことはないけれど、でも僕にとっては、人生で最高の出来事だった」とコステロは言う。

彼の右足には、今でも爆弾の鉄の破片が入ったままだ。**「自分がなぜあの事件に巻き込まれたのか、今ならその理由がわかる。それは、生涯の友であり恋人である彼女と出会う**

ためだったんだ」

実験4の取り組み方

恋人を見つけるなら、インターネットのお見合いサイトが最高だ——そう思っている人は、とりあえずこの実験をやってみるまで待ってほしい。

お見合いサイトと違って会費のいらないこの実験は、二つのことを証明する。

一つは、愛は見つけるものではなく、むしろあなた自身が愛であるということ。そしてもう一つは、すべてのものを愛すると、創造のエネルギーと一体になり、すべての意図が実現するということだ。

では、この実験でやることを説明しよう。

1．愛のテロリストになる

カラフルなふせん紙を用意する。ふせん紙に世界に向けた愛のメッセージを書き、いろいろな場所に貼る。図書館から借りた本でもいいし、毎朝カフェラテを飲むカフェで、お金を払うときに使うお札に貼ってもいい。

2. この世でいちばんムカつく人に感謝する

聞いた話によると、スピリチュアル教師のウエイン・ダイアー博士は、自宅に作った祭壇にアッシジの聖フランチェスコや老子と並んで、ラッシュ・リンボーの写真を飾っているそうだ。

ラッシュ・リンボーは保守タカ派のトークショー・ホストだ。祭壇にはあまりにも場違いな印象だが、博士によると、リンボーを愛するのは、無条件の愛を身につける最高の訓練になるそうだ。

さあ、あなたも誰かムカつく人を一人選び（きっと今、思い浮かべている顔があるはずだ）、その人のいいところを探してみよう。

そして、この実験を行う前と後で、自分の心理状態をチェックし、一点から一〇点で点数をつける。

実験レポートシート

■命題：「私はすべてを愛している」の命題

■セオリー：「彼ら」は存在しない。存在するのは「私たち」だけだ。

■質問：人間でも、状況でも、出来事でも、とにかくすべての気に入らない何かは、もしかしたら自分を成長させてくれる祝福なのだろうか？

■所要時間：72時間

■実験開始の言葉：自分の敵に感謝できることを積極的に探す。その相手を別の角度から見るように努力する。もしかしたらあのムカつく男性は、子供のころにいじめにあったのかもしれない。性格のきつい彼女も、そのきつさがむしろ長所かもしれない。そして、今から72時間、世界に愛の爆弾の雨を降らせる。そして、実験をやる前と後で、心の状態がどう変化したか計測する。

■今日の日付：＿＿＿＿＿＿＿＿ **時間**：＿＿＿＿＿＿＿＿

■実験前の心の状態：＿＿＿＿＿＿＿＿

■実験後の心の状態：＿＿＿＿＿＿＿＿

■実験メモ：＿＿＿＿＿＿＿＿

実験5 「お金の大嘘」の命題

ミーム：お金にまつわるミームは多すぎてここには書ききれない。本文の「大嘘のリスト」を参照

ワールドビュー2・0：お金は単なるエネルギーであり、自分の思い込みを反映しているにすぎない

お金が手に入らない原因はこれだ

さあ、いよいよお金の実験だ。これを待ち焦がれていた人も多いかもしれない。この実験では、二つのことを証明する。

一つは、お金は単なるエネルギーにすぎないということ。
そしてもう一つは、あなたがお金を手に入れられない原因、お金を楽しむことができず、人生の目的はお金だけではないということに気づけない原因は、お金に関するネガティブな思い込みだけだということだ。

あなたの現在の経済状態は、あなた自身の思い込みや期待を反映している。だから、ただ思い込みや期待を変えるだけで、経済状態を一変させることができる。ワールドビュー1・0の世界に暮らしていると、お金に対して完全に間違った思い込みを持ってしまう。

人間よりもお金が大事だと本気で信じてしまったり、あの紙切れや金属片（最近ではそこにプラスチックのカードも加わった）を崇《あが》めたてまつったり、その前で完全にひれ伏したりしてしまうのだ。

そろそろそういったお金への態度を真面目に検証し、一つひとつ嘘を暴いていくべきだろう。そう、**お金に関する思い込みは、すべて古くさいミームだ。しかも、リストにできないほど、あまりにもたくさんありすぎる。**

お金にまつわる一〇の大嘘

たいていの人が、お金に対して複雑な感情を抱いている。

お金は量が限られていて、高圧的で、それに気まぐれで行動が予測できない。お金をコントロールするのは不可能だ。上のほうにいる誰か偉い人が、まるで操り人形のようにお金を動かしているに違いない……などと思い込んでいる。

そして、お金と仕事は切っても切れない関係にあり、たいていの人が自分の仕事を毛嫌いしている。言うまでもないことだが、こういう考え方でいると、お金との間に幸せな関係を築くことはできない。

それではここで、お金にまつわる嘘のトップテンを紹介しよう。目をそらさずに、しっかりと正面から向き合ってもらいたい。

［お金にまつわる大嘘❶］お金がなければ幸せになれない

発展途上国に暮らしている人たちは、まだ自然とのつながりを失っていない。一方で、先進国に暮らす人たちは、自然と一体になっていた時代の記憶を必死になって消そうとしている。そのため発展途上国の人たちは、先進国の人々がお金に執着したり、お金で買えるくだらないものに執着したりするようすを見て大笑いしている。

それに、**幸せに関するどんな調査を見ても、GDPとの関連性はまったく認められない。**

［お金にまつわる大嘘❷］お金があればもっと幸せになれる

この嘘については、ただ一言「オーウェン・ウィルソン」とだけ言いたい。オーウェン・ウィルソンは大金を稼ぐ人気俳優だが、二〇〇七年に手首を切って自殺を図った。幸いなことに一命は取り留めたが、彼の存在は、お金があっても幸せにはなれないことの生きた証拠だろう。

同じく人気俳優のジム・キャリーも、世の中のすべての人が大金持ち（で有名人）になればいいのにと言っている。その理由は、そうすればお金があればすべて解決するわけではないということを、誰もが理解できるようになるからだ。

［お金にまつわる大嘘❸］お金を稼ぐにはがむしゃらに働かなければならない

ここで考えてみよう。工場で一日八時間働く労働者と、億万長者――いったいどちらがたくさん働いているだろうか？　私の知っているもっとも貧しい人たちの中には、最低賃金で働きづめの人もいる。とにかく長時間働くことで、なんとか生計を立てている。

少なくとも私の経験では、お金は思いもよらないときに突然現れることが多い。それに**『こうして、思考は現実になる』の読者からの報告でも、予想外の収入があったという体験談が数えきれないほど届いている。**

［お金にまつわる大嘘4］豊かさの量は限られている

年間で五〇〇〇億ドルも売り上げる広告業界。その唯一の仕事は、消費者に「自分には何かが足りない」と思わせることであり、豊かさの量は限られていると信じさせることだ。

お金やリソースには限りがあるという考えが定着すると、自分の全エネルギーがこの「欠乏」を埋めるために使われることになる。**「足りない」「失うのが怖い」という感情が、あなたの言葉と思考と行動を決めてしまうことになる。**

［お金にまつわる大嘘5］お金はあればあるほどいい

「豊かさの量は限られている」という考え方は、自然に「お金はあればあるほどいい」という考え方につながることになる。しかし、「もっと、もっと」と上ばかり見ていると、すでに持っているものを楽しむことができない。次に手に入れる大物のことばかり考え、まわりからおいていかれないようにいつもあせってばかりいると、すでに目の前にあるものを喜ぶという体験ができなくなる。

また、お金がありすぎると、どうしても孤立するので、かえって豊かな人間関係が失われてしまう。七〇億ドル（アメリカ一の億万長者、ドナルド・トランプの全財産と言われている額）の現金を抱え込むのと、古新聞や穴の空いたバケツなどを集めてゴミ屋敷を作るのとでは、本質的にそれほど大きな違いはない。

［お金にまつわる大嘘❻］お金を得るために私たちにできることは何もない

たしかに不公平だと思うことが多いけれど（たとえば、お金持ちはどんどん金持ちになり、いちばんたくさんお金を持っている人がいちばん大きな権力を握る）、私たちはずっと同じゲームをプレーしつづけている。「これはこういうものだ」という大嘘を信じつづけている。世の中の仕組みがこうなっているのだから、もう変えようがないというわけだ。そういった昔からの習わしにとらわれていると、人はあきらめの境地に入ってしまう。しかもそれだけでなく、**すべての人が豊かさを手に入れることができるという、正しいビジ**

ョンが見えなくなってしまうのだ。

［お金にまつわる大嘘7］お金は悪いもので、お金をたくさん持っている人は極悪人だ

聖書に出てくるお金とラクダの話を覚えているだろうか。「お金持ちが天国に行くのは、ラクダが針の穴を通るより難しい」という例の一節だ。この聖書の言葉が噂《うわさ》の出どころかどうかはわからないけれど、**お金それ自体は悪いものではない**ということならはっきりと断言できる。お金という存在は、もっと深いところにある何かを反映しているだけだ。

［お金にまつわる大嘘8］仕事はつまらない

仕事と不幸を結びつける人は多い。仕事という言葉を聞くと、「早くここから解放してくれ！」と反射的に考えるような神経回路がすでにできあがっている。楽しみなのは週末や休暇のほうで、仕事は生きていくためにしかたなくやっているだけだ。**でも、「仕事はお金のため」という考えにとらわれていると、人生の大きな楽しみや喜びをみすみす逃すことになる。**

［お金にまつわる大嘘9］お金を手に入れるには仕事を持つしかない

お金と仕事は、まるでパンケーキとシロップのように切っても切れない関係のように見える。または、ロシアとウォッカでもいいし、セレブとパパラッチでもいい。でも、たしかにお金と仕事の付き合いはかなり長いけれど、べつに結婚しているわけではない。

または、**豊かな人生を送りたいと思っている人の世界では、お金と仕事は結婚するべきではない**。たとえば私は、もう二〇年以上も定職には就いていない。

［お金にまつわる大嘘⑩］お金はどこか遠くにあって、手の届かない存在だ

もうお気づきのように、お金に関する嘘を並べていくと、グランドキャニオンを埋めることだってできる。いちいち並べていくときりがないし、早く嘘ではなくて真実の話に行きたいので、ここにいくつか詰め込んで終わりにしてしまおう。**「私はお金持ちとは違う人種だ」「お金持ちになるには嘘をついてズルをしなければならない」「お金を稼ぐ人は、遊ぶ時間もないほど働いている」「お金がなければ何も手に入らない」**などなど。

ワールドビュー1・0バージョンのお金については、だいたいこんなところだ。それでは、ワールドビュー2・0バージョンのお金を見ていこう。準備はいいだろうか？

お金にまつわる六つの新しい常識

お金にまつわる間違った思い込みは、そのままにしておいてはいけない。

お金を作り出すのは「豊かさの意識」であり、この意識はすべての人が手に入れることができる。しかも、空気と同じで、手に入れるのにお金は一切かからない。誰でも好きなように活用することができる。ただ人間であるという事実だけで、想像もしていなかったような豊かさを経験することができるのだ。

そして、**豊かさの意識を手に入れれば、お金のほうがあなたを追いかけるようになる。あなたを追ってどこまでもついてくるだろう。**

でもその前に、お金についての新しい考え方を身につけなければならない。ワールドビュー2・0バージョンの六つの考え方を紹介しよう。

［新しいお金の常識❶］お金は実在しない

お金は交換の手段でしかない。そして、すべての物質的なモノは、ただ便宜的に値段という数字をつけられているだけで、それ自体に価値はないし、値段という数字もすぐに変わる。

今日は五〇万ドルの値段がついている家も、明日には倍の値段になっているかもしれない。投資信託の価格だって、一週間のうちに二五パーセントも上昇することもある。だから、お金には実体はない。ただ人間が勝手につけた数字だけの存在だ。

お金（または、私たちがお金だと考えている紙切れや金属片）は、ある人物の富の意識を示す道具でしかない。それに、豊かさについて教えているデーヴィッド・キャメロン・ギカンディも言っているように、銀行にあることになっているお金のうち、紙幣や硬貨の形で実際に存在するのはたったの四パーセント（数字は国によって異なる）だ。

お金はどんなときでも、何か別のものの影にすぎない。そして、**お金があなたの人生でどんな役割を果たすかは、二つのことによって決まる。一つは、自分自身にどれだけの価値を置くかということ。そしてもう一つは、「お金に関する期待」というビーカーの中に、どんな物質を入れるか**ということだ。

［新しいお金の常識②］**お金は自分の思考によって形作られるエネルギーである**

以前、自分のお金をすべてあげてしまったある女性にインタビューをした。実を言うと私は、彼女の他にも、自分のお金を全部あげてしまった人の何人かにインタビューしたことがある。

大金持ちが気前よく寄付する記事は、「ピープル」誌で根強い人気を誇っている。そのときインタビューした女性は、大金持ちの家の生まれだった。おじいさんは有名な実業家で、両親も世界中に家を持っていた。でも彼女は、世界には飢えている人がいるのに、自分だけ必要以上の富を持つのは間違っていると感じた。そこで、巨額の遺産を丸ごと寄付すると、大義のために貢献することを教えるワークショップを開催するようになった。すると自分でも気づかないうちに、また一財産築いていたのだ。

この物語の教訓は何か。それは、**豊かさの意識を持った人からお金を取ることはできるが、豊かさの意識そのものは奪えない**ということだ。

［新しいお金の常識③］**「不足」「限界」といった色眼鏡を外して見た世界は、豊かさに満ちている**

ベルギーの中央銀行の元幹部で、ヨーロッパ共通通貨ユーロの設立で中心的な役割を果

たしたベルナルド・リエターは、著書の『人間の富について（Of Human Wealth）』の中で、「足りない」という感覚は、文化による間違った刷り込みだと言っている。つまり言い換えると、全世界を覆っている古くさいミームだということだ。欠乏も、欠乏が生み出す欲も、当たり前に存在する紛れもない〝現実〟に見えるかもしれないが、実際のところ、自然界にはこのどちらも存在しない。そして、人間も自然の一部だ。

［新しいお金の常識４］足りないものはない

ある年の秋に、ブドウ狩りに行ったことがある。考えてみれば、ブドウ狩りというビジネスは、トム・ソーヤーがやっていたフェンスのペンキ塗りによく似ている。ブドウ狩りという作業を楽しい遊びにすることで、お客さんからお金を取って仕事を手伝わせているからだ。

オーナーのひらめき一つで、以前は移民労働者にお金を払っていた仕事が、お客さんがこぞってやってきて喜んでお金を払うレジャーになったのだ。

私自身は、ブドウ狩りに行って本当によかったと思っている。世界の豊かさを、実際にこの目で見て確認できたからだ。ブドウは本当にたくさんなっていた。全部取ってしまうなんて不可能だ。収穫しきれなくて地面に落ちているブドウもたくさんあった。あの場にいれば、どんな人でも世界の豊かさに疑問を持つことは絶対にないだろう。

自然界に目を向ければ、いつでも豊かさを見つけることができる。たとえば、一本の木を見てみよう。一本の木には何千枚もの葉がついている。そして、この地球全体で、いったい何本の木が生えているか想像できるだろうか。私には見当もつかない。または、芝生の庭を見てみよう。三〇センチ四方の中に、いったい何本の芝が生えているだろうか。母なる自然（または、人間が勝手に恐怖の対象にする以前の、ありのままの自然界）は、すべての望みに応えてくれる。

［新しいお金の常識5］本当に必要なものは、すでに与えられている

お金があってもなくても、あなたは今のままで大丈夫だ。

私たちは、とかく「お金さえあれば」と考える傾向がある。安心も、安全も、心の安らぎも、賞賛も、喜びも、とにかく好ましいものはすべてお金と結びつけている。でも、それらはすべて、お金がまったくなくても手に入れることができる。すべて生まれながらに持っている。すべて無料でもらうことができる。でも悲しいことに、ここで見てきた「お金にまつわる大嘘」のせいで、自分に与えられた豊かさが見えなくなっているのだ。

あなたがすでに持っている豊かさを、他にもいくつか紹介しよう。一つは太陽だ。あなたが何もしなくても、太陽は毎朝必ず昇る。だから「ありがとう」と言おう！　それから心臓。心臓は放っておいても、一年に三六〇〇万回も鼓動して、体中に血液を送ってくれる。それに肺だって、勝手に呼吸して、体中に新鮮な酸素を送ってくれる。

広告業界の「足りない、足りない」の大合唱に耳を貸さず、世界の無限の大きさに目を向ける。勃起不全、うつ病、不眠症の恐怖をあおるテレビのコマーシャルを無視して、目の前に広がる豊かな贈り物に感謝する。そうすれば、世間の常識を書きかえることができるだろう。

［新しいお金の常識❻］豊かさを手に入れられないのは、「限界」という間違った思い込みのせいだ

私と、大金持ちの違いはただ一つ。それは、私は自分の豊かさを持ち歩かないと決めたということだ。たしかに私は、欲しいものは何でも手に入れることができるし、それを知っているのはとても心強い。でも、だからといって、手当たり次第にモノを手に入れたり、それをわざわざ持ち歩いて見せびらかしたりする必要はあるだろうか？

私のお手本は、世界のお金持ちたちではなく、ピース・ピルグリムだ。

ピースはまだとても若いころ、ある重要な発見をした。それは、「お金を手に入れるのは簡単だ」という発見だ。この発見をきっかけに、彼女は財産をすべて捨てて、着の身着のままで世界を回るようになった。その二八年にわたる旅について、彼女はこう言っている。「人生は満ち足りていて、人生はいいものだ。……いつもすべてのよきもの、たとえば愛、平和、喜びに囲まれている感覚があった。まるで自分が守られているようだった」

本当にあった話

世界中の人たちと同じように、私もまた、二〇〇八年に始まった不景気への招待状を受け取った。普段の私なら、そういった招待状にはお断りの返事を出している。

私はもう、とっくの昔に学んでいたはずだ――苦労や苦痛を受け取るチャンスならいつでもある。**もし意図を持って生きることを選ぶのなら、そういうありがたくないチャンスに近づかないようにしなければならない。**

悲観的な人たちは、口をそろえて「そんなのは無理に決まっている」といつも私に言った。「本を出版するなんて、簡単にできることではない。売れる本を書くのはもっと難しい。ただのカンザス州出身の無名のライターじゃない。それにジャーナリズムのクラスの成績はBだったのよ。まったく、目を覚ましてちょうだい」

私はそういった声に耳を貸さなかった。「あなたの考えではそうなのかもしれないけれど、私は違う現実を見ることを選んだの。もっと高い次元の道を行くのよ」

今までに一七冊の本を出版し、「ピープル」誌に記事を書き、世界中を旅行できたのは、次々とやってくるありがたくないお誘いをきっぱりと断ってきたからだ。

でも、三年連続で収入が増え、「ナショナル ジオグラフィック」誌で四度目の仕事を断るぐらいに「出世」すると、私はついにエゴの罠に引っかかってしまった。そのころ、世の中は悪いニュースばかりだった。私の本職であるジャーナリズムと出版は、不景気の波をもろにかぶっていた。出版社は新刊の数を減らし、前払い金の額も減らした。新聞社で働く知り合いの多くが、いきなり失業者になってしまった。

前にも言ったけれど、いつもの私なら、こういったネガティブな意見には耳を貸さない。世間がどんな状況でも、宇宙の豊かさは無限だというスピリチュアルの世界の言葉を信じるようにしている。でも二〇〇九年に入ると、悪いニュースのパンチがじわじわと効いてきて、ゴミ箱に捨てた不景気への招待状をわざわざ拾い出してしまった。ちょっとパーティをのぞいてみたくなったのだ。

パーティは大盛況だった。私のエージェントはオードブルのそばに立ち、「まったく売れない」という言葉を呪文のようにくり返している。いつもの仕事相手はパーティホールの隅のソファーに座って、不景気と予算の削減を嘆いている。

そして自分でも気づかないうちに、私もパーティの真ん中に飛び出していた。DJの流す「不景気を嘆くブルース」を、一緒になって歌っていた。そして聞いてくれる人が見つかるたびに、自分の苦しい状況を切々と訴えた。

まもなくして、まわりの人たちも説得され、私のフリーライターとしてのキャリアは終わりだと信じるようになった。私はもう時代遅れで、アイデアも枯渇して、すっかり過去の存在になってしまったのだ。

今から当時を思い出すと、少し恥ずかしくなる。

思考が現実になることは、ずっと昔から知っていたのだ。この法則を活用してあんなに成功してきたのに、それをいとも簡単に忘れてしまったなんて、私はいったい何を考えていたのだろう。

ネガティブな言葉に耳を貸すのは、世界でいちばん不毛なことだとよくわかっていたはずなのに。

でも、実を言うと、悲劇のヒロインになるのは楽しかった。みんなに同情してもらえるからだ。

しかし、ある日、ナポレオン・ヒルの『思考は現実化する』（きこ書房）を、また本棚の奥から引っ張り出してきた。何度も読んでぼろぼろになっているその本を読み直しているときに、はたと思い当たった。

たしかに自分の考えたことや言ったことは現実になる。だって、自分の状況を見てみればいい。**今の悲惨な現実をただの思考だけで創造することができたのなら、正反対の現実だって創造できるはずだ。**

それからの私は一刻も無駄にすることなく、すぐにナポレオン・ヒルのアドバイスを活用した。

すると一週間もしないうちに、新しい仕事が二つ入った。そしてその次の仕事が、『こうして、思考は現実になる』の出版契約だったのだ！　友人たちはこぞって、「厳しいときはとにかく節約！」というアドバイスをくれたけれど、私はあえてお金を使うことにした。夏のバカンスは、海外でのボランティア活動に決めた。信じる気持ちを取り戻した私は、お金は宇宙が払ってくれると信じていた。

「私は豊かだ。海外に行ってボランティア活動に参加する余裕はもちろんある」と宣言したことをきっかけに、本当に豊かな人生が始まったのだ。

言うまでもなく、あの不況パーティへの招待状は、ビリビリに破いて捨ててしまった。二度と行くつもりはないので、どうかもう招待状は送らないでもらいたい。今度からは、ネガティブな招待状が来るたびに、「どうか楽しい時間をお過ごしください。でも私は絶対に参加いたしません」と返事をするつもりだ。

実験5の取り組み方

お金が怖くてしょうがないという人はたくさんいるだろう。それにお金には、古くさい思い込みがたくさんまとわりついている。そのためこの実験では、一つではなく二つのサブ仮説を使うことにしよう。

このサブ仮説は二つとも、「思考を変えれば経済状態も変わる」というメインの仮説を証明できるようになっている。

二つの実験の所要時間は、それぞれ三日間ずつだ。

実験5‐1　お金のなる木の種を蒔《ま》く方法

サブ仮説：お金をただであげれば、もっとたくさんのお金を受け取ることになる

「与えたものは、何倍にもなって何度も何度も返ってくる」

これは絶対不変の原則だ。

この実験の所要時間は三日。その三日間を使って、あなたはお金の種を蒔くことになる。

小額紙幣、もしお好みなら高額紙幣に、豊かさについてあなたが新しく学んだことを書いたメモを添えて、いろいろな場所に置いてくる。場所はどこでもかまわない。ゲーム感覚

で、楽しく、気前よくばらまこう。

先日、娘のタズと一緒にシカゴでこの実験を行った。私はシカゴのザ ペニンシュラ シカゴについての旅行記事を書いていた。シカゴのペニンシュラと言われてもピンと来ない人もいるかもしれないが、シカゴにやってくるセレブがみんな泊まるホテルだと言えば、雰囲気がわかってもらえるだろうか。

娘と私は、街いちばんの大通りであるマグニフィセントマイルが見下ろせるスイートルームに滞在していた。ショッピングを楽しみ、人気ミュージカルを見て、シカゴを拠点に活動する即興コメディ集団の公演を見た。

でも、娘と私は、それ以外にも秘密のミッションを遂行していた。それと同じことを、今からあなたにもやってもらいたい。

私たちは、たくさんの五ドル札をお財布に入れ、それをバス停に置いたり、公園のベンチに貼りつけたりしたのだ。マグニフィセントマイルの高級ショップで売られている服にピンで留めたりもした。そしてそれぞれの五ドル札に、匿名でこんなメモを残した――「宇宙の豊かさは無限であり、あなたがこれを見つけたのも、あなたが愛されている証拠である」

たしかに、五ドルという金額は、人生を変えるほどの大金ではない（娘と私は、いつか一〇〇ドル札でやってみようという計画を立てている）。でも、ここで大切なのは、なりたい自分に「なる」ことだ。**なりたい自分とは、自信があって、気前がよくて、与えたものは返ってくるという法則をよく理解している人**だ。

あなたにも、娘と私と同じことをやってもらいたい。つまり、なりたい自分の予行練習をすることだ――あなたはこの実験で、宇宙とつながり、必要なものはすべて与えられることを心から確信している人になる。

実験を行う七二時間の間、お返しとして与えられたと思うものをすべて記録する。

たとえば私は、この実験を行ってからわずか数週間で、『こうして、思考は現実になる』がニューヨークタイムズ・ベストセラーのトップになった。

実験5-2 天国からの一円玉

サブ仮説：お金は簡単に手に入る

もう一つ、小さな実験を紹介しよう。これは、友人のグレッグ・クーンから教わった実験だ。グレッグは作家で、私と同じような分野を書いている。専門は、量子物理学を引き寄せの法則に応用する方法だ。

私は、彼が発明したゲーム、「もっとすごいグレッグを育てよう」が大好きだ。でも自分でやるときは、ゲームの名前を「もっとすごいパムを育てよう」に変えているけれど。グレッグの許可をもらえたので、そのゲームをここで紹介しよう。このゲームを行えば豊かさの意識を身につけ、量子フィールドと自分の経済状態を一致させることができる。

やり方はとても簡単だ。今から三日間、ただひたすら一円玉を探す。

・地面に落ちている一円玉を探す
・ポケットに入っている一円玉を探す
・車の中に落ちている一円玉を探す
・歩道に落ちている一円玉を探す
・とにかくどこでもいいから一円玉を探す

実験中は、一円玉を見つけるというよりも、むしろ自分の力で出現させるつもりになったほうがいい。「どこにあるのだろう」と考えるのではなく、「一円玉を出現させるなんてワクワクするな！」と考える。

だいたい、一円玉を見つけるのがどれほど難しいというのだろう。一円玉は通貨の世界のみそっかすだ。お金とは認めずに捨ててしまう人だっている。

だから何の問題もなく、いつでも出現させられるはずだ。だって、大した存在ではないのだから。

でも、ここからがこの実験の肝心なところだ。

あなたはＦＰを実際にだますことになる。いや、心配はいらない――ＦＰは、だまされてもべつに気にしない。ＦＰは、善悪を判断して裁いたりしない。ただ反応するだけだ。

一円玉が一枚見つかるたびに、まるで宝くじの一等が当たったかのように大喜びしよう。とにかく大騒ぎしよう。やりすぎるぐらいでちょうどいい。宇宙に向かって勝利の雄叫《おたけ》びを上げよう。

たかだか一円玉ぐらいで、そこまで騒ぐなんておかしいと思うだろうか。たしかに一円ぐらいでは、あなたが求めている豊かさにはほど遠い。

しかし、これが「**ＦＰをだます**」ということだ。あなたが大喜びしているのは、「一円」という金額の大きさではない。「お金を出現させる力がある」という原則が証明されたことだ。一円を喜んでいるのではなく、お金を出現させたこと自体を喜んでいる。宇宙には無限の豊かさがあり、欲しいものを出現させるのなんて朝飯前だという事実を確認し、あなたは大喜びしているのだ。

大切なのは、この一円玉は宇宙からのメッセージだということだ。宇宙はあなたにこう伝えている——「やあ、私のもっとも大切な子供よ！　私はあなたのために働いているんだ！　欲しいものは何でも出現させるよ！　あなたの欲しいものを出現させるのなんて、この一円玉を出現させるのと同じくらい簡単なことさ！　すごいだろう⁉」

とにかく、「興奮」するだけでいい

ＦＰは、喜んでいるあなたを見ても、「一円を喜んでいる」とも思わないし、「お金を出現させたことを喜んでいる」とも思わない。ＦＰには両者の区別はつかない。ただあなたの興奮に反応し、あなたを興奮させるものをさらにたくさん届けるだけだ。

一円玉が見つかるたびに、宇宙の無限の豊かさを喜び、自分にお金を出現させる力があることを喜ぶ。宇宙の力と自分の力を心から信じ、まるで独立記念日の打ち上げ花火のように飛び上がって喜べば、宇宙の力はあなたのものだ。

実験レポートシート

■命題：「お金の大嘘」の命題

■セオリー：お金は単なるエネルギーであり、自分の思い込みを反映しているにすぎない。

■質問：私は役に立たない古い考えに固執することで、豊かさをブロックしてしまっているのだろうか？

■仮説：お金に関する思い込みを変えれば、世界の自然な豊かさが流れ込んでくる。

■サブ仮説１：お金をただであげれば、もっとたくさんのお金を受け取ることになる。

■サブ仮説２：お金を手に入れるのは簡単だ。

■所要時間：それぞれ72時間

■最初の実験の日付：＿＿＿＿＿＿＿＿ **時間**：＿＿＿＿＿＿＿＿
期限：＿＿＿＿＿＿＿＿＿＿＿＿＿＿＿＿
結果：＿＿＿＿＿＿＿＿＿＿＿＿＿＿＿＿

■２つ目の実験の日付：＿＿＿＿＿＿＿＿ **時間**：＿＿＿＿＿＿＿＿
期限：＿＿＿＿＿＿＿＿＿＿＿＿＿＿＿＿
結果：＿＿＿＿＿＿＿＿＿＿＿＿＿＿＿＿

■実験開始の言葉：さあ、役者になったつもりで、華やかな大スターを演じよう。それが本来の私の姿でもあるのだから。そして、宇宙がそれにどんな反応をするか観察しよう。今から72時間、私は自分が受け取りたいものを与える。こちらが何かを与えたら、宇宙は必ずそれ以上のものを返してくれると心から信じる。そして次の72時間では、FPと一体になって１円玉を探す。

■実験メモ：＿＿＿＿＿＿＿＿＿＿＿＿＿＿＿＿

実験6　新月からのメッセージの命題

ミーム：自然を征服し、支配し、自然から自分の身を守るのが私の仕事だ

ワールドビュー2・0：無限の可能性のフィールドは、一日二四時間、一週間に七日、いつでも神聖なメッセージを送ってくれる

本当に知的な人が「気にしていない」こと

ここで質問だ。

あなたは今日の月齢を知っているだろうか？　今は月が満ちているときだろうか、それとも欠けているときだろうか？　満月？　それとも新月？

え？　まったくわからない？

月のことはまったくわからないあなたも、今日、国会で起こった騒動についてはやたらとくわしいだろう。有名人の離婚についてだって知っているはずだ。ドッグフードに毒が入っていたというニュースや、お弁当で食中毒が起きたというニュースをフェイスブックに投稿し、立派なことをした気分になっているかもしれない。

この三日間の実験で私が言いたいのは、知っておかなければならない大切なニュースはすべて身近なところで起きているということだ。自宅の窓のすぐ外、近所、そしてあなたの心の中で起きている。

そして、マスコミが伝えるニュースのほうは、実際のところあなたの人生に何の関係もない。むしろあなたとFPの間に壁を作ってしまうだけだ。

私の言うことがにわかには信じられないという人も多いだろう。

小学校で興味を持った新聞記事を切り取って持ってくるという課題が出されて以来、いわゆる「ニュース」は絶対的な真実であり、自分の人生に大いに関係があって、知的で物知りな人はみんなニュースにくわしいと思い込んできたからだ。パーティで時事問題について議論できるのはなんだかかっこいいし、就職の面接でも、最新のニュースの話題に触れておけば一目置かれることになる。

この実験では、いわゆる「ニュース」も所詮はある一企業の意見でしかなく、あなたの生活には特に関係がないことを証明する。

そして、本当に知的で物知りな人は、ニュースのことなんか気にしていない。私が尊敬し、お手本にしたいと思っている人たちは、本当に大切なことはニュースではなく自然が教えてくれるということを知っている。地球上に存在するすべての木、すべての星、すべての鳥が、不滅の喜びと生命の鼓動を世界に向けて放送している。

ニュースを見ていると、物質的な生活だけが大切なような気がしてくるが、本当の人生は、宇宙からの放送、聖なるささやきと一体になったときに創造されるのだ。

この実験は、ニュースが作っている世界は偽物の世界だということを証明する。**本当に自分のためになることをしたいのなら、自然界から発信されるリズムと知恵に注目するのがいちばんだ。**自然のバイオリズムと一体になることで、まったく新しい意識が目を覚ますだろう。目を覚ましたあなたは、神聖なメッセージを送る宇宙とつながることができる。

あなたはきっと、あまりにも話が大きすぎてよく理解できないと思っているだろう。でもこれは、実は世界でいちばん自然なことだ。**コツさえつかめば、どんなニュース番組よりも、中身が濃くてためになるニュースを自然界から受け取れるようになる。**

そう、窓のすぐ外がもう立派な自然界だ。わざわざエコツアーに参加する必要はない。自然界の一員になれば、魔法の国にたどり着く楽しい冒険が待っている。

正しい情報に集中するだけで、人生は喜びにあふれる

この実験で証明するのは、過激な情報の洪水――またの名を「ニュース」――をシャットアウトすれば、本物の知恵がいつでも手に入るということだ。

偽物のニュース、作り話のニュース、インターネットにあふれるゴミのような情報ばかり追いかけていると、すぐそばで起きている、自分にとって本当に大切なニュースを見逃してしまう。

本物のニュースは、今この瞬間に、すぐそこで起きている。それにくらべて、ハリウッドスターや大臣の最新動向なんて、あなたの人生には何の関係もないではないか。

星、植物、満ちていく月の細い輝き（月の満ち欠けは、潮の満ち引きからシオマネキの行動、人間の睡眠にまで影響を与える）といった大切なメッセージを無視していると、大きなエネルギーの力をみすみす逃してしまう。

人間は、自然界とのつながりが断たれると、実際に体の調子が悪くなる。自分と本当に深く関わりのあるものを無視して、どうでもいい情報ばかり必死になって追いかけていると、ストレス、うつ状態、不安の原因になる。

もっとエネルギーが欲しい、もっと喜びにあふれた人生を送りたいと思っているのなら、本当に大切なものに意識を集中しなければならない。そして、大切でないことにこだわるのはもうやめよう。

告白

ここで思いきって告白してしまおう。

私、パム・グラウトは、世界最大のテロ組織のメンバーである。

フリーのジャーナリストで、「ピープル」誌、CNN、「ハフィントンポスト」などに記事を寄稿しているこのパム・グラウトは、噂や誇張、真実でない話を広めた罪で、ここに有罪を認める。つまり、テロ行為に荷担したということだ。


カンザス州立大学のジャーナリズム学部で学んでいたとき、真っ先に教わったジャーナリズムの極意の一つは、「ショッキングな記事をトップに持ってこい」だった。いわゆる「ニュース」がただの娯楽として扱われていれば、これもそれほど問題にはならないが、実際のところニュースには巨大な力がある。たいていの人がニュースを信頼し、ニュースを基準にして自分の意見を決めている。どんなにおかしな見出しでも、ニュースが言っていることだからと信じてしまう。

参考までに、最近のニュースをおさらいしてみよう。「ハフィントンポスト」でもっとも読まれたトップ記事の一つは、レストランで出される切ったレモンに細菌が付着しているというものだった。

実際、この程度の細菌はいたるところに付着している。調査によると、ケチャップの容器、塩とコショウのビン、メニュー、テーブルの表面などからも検出されている。しかし、読者に記事をクリックしてもらうには、思わずギョッとするようなショッキングな見出しをつけなければならない。そこで考え出されたのが、**「これを読めば、もう飲み水にレモンスライスなんて絶対に入れられない！」**という見出しだった。

こんな見出しをつけられて、読まずにいられる人なんているだろうか？

これがニュースの正体だ。その目的は、読者や視聴者を怖がらせ、注目を集めること。記事をクリックしてもらうことであり、「いいね！」を押してもらうことだ。読者や視聴者がたくさんいるという数字が出れば、スポンサーの獲得で有利になる。

何度も言うようだが、こんなにくだらない「ニュース」を信じてしまっても、人間の意識にそこまで大きな力がなければ特に問題にはならない。

でも実際は、人間の思考や意識は絶大な力を持つ。FPに働きかけ、自分の頭の中の大部分を占めている悪天候や病気、世界の問題などを、そのまま引き寄せてきてしまう。私たちは、全能のメディアをすっかり信頼し、ニュースをもとに自分の意見を形成している。それを考えれば、まだ剃刀《かみそり》で手首を切っていないだけでも奇跡のようなものだ。

でも、ここで本当のことを教えよう。ニュースで伝えられる現実は、全体の現実から見れば、ほんのわずかな一部分でしかない。しかも、現実の本当の姿からはかけ離れている。悲惨なニュース、暗いニュースだけでなく、そこに親から教わったネガティブ思考（お金はただで手に入らない……、身を粉にして働きなさい……、世界は恐ろしい……）が加わると、もう万事休すの状態だ。

そんなふうに、かなり限定された一部分だけを取り出して、それだけに思考や意識を集中するのは、たとえるなら自分の背中に「私を苦しめて！」という紙を貼っておくようなものだろう。

とはいえ、まだ救いの道はある。

マスコミは、流血や、救急車や、涙にくれる遺族の姿を見せる。そして私も、竜巻や誘拐や、洪水に丸ごと流されてしまった街の記事を書いている。**でも、どんなに悲惨な現場でも、人間の思いやりや優しさ、人間性のもっとも高貴な姿はたしかに存在する。**私が実際にこの目で目撃してきた。

自然からのメッセージを正しく受け取る方法

この実験では、メディアのニュースを遮断し、自然界が放送する聖なるニュースに耳を傾ける。

自然界はいつでも愛を送りつづけている。クロッカスが芽を出すたびに、ツグミがさえずるたびに、そよ風があなたのほほをなでるたびに、この聖なるメッセージを聞くことができる。

今から三日間、あなたは全宇宙の知性に耳を傾ける。自然と対話し、自然界と親密な関係になる。地球の声を聞き、地球上に存在するすべての生き物の声を聞く。地球上の生き物たちは、私たち人間にこれほど痛めつけられていても、まだ聖なるバランスを失っていない。

意識して自然の声に耳を傾けている人たちによると、自然は膨大な情報を人間に伝えて

くれている。もちろん、自然からのメッセージを受け取るには、まずは頭に詰まった無駄な情報を捨てなければならない。偏見や思い込みを捨て、素直な心で耳を傾けなければならない。

著名な植物学者で、シャスタ・デージー、フリーストーン・ピーチ、ラセット・ポテトなど八〇〇種類もの新種の植物の交配に成功したルーサー・バーバンクも、本当に価値のあるニュースは宇宙が送ってくれるニュースだけだと信じている。知性の光を放つ自然界と一体になったからこそ、バーバンクは数々の新しい植物を生み出すことができたのである。

バーバンクによると、私たちの誰もが、磁気と電気を帯びて振動する宇宙のエネルギーからメッセージを受け取ることができる。

または、もっと最近の話では、マイケル・ポランが「ニューヨーカー」誌に新世代の植物学者についての記事を書いていた。

宇宙では、今まで考えていたよりももっとたくさんのことが起こっていて、目に見えない世界のほうが重要だということを、新しい科学者たちは証明している。

本当にあった話

そう、この実験では、異種間の交流に挑戦してもらうことになる。**あなたは木に話しかける。または、意思の疎通は不可能だと思っていた何かの植物に話しかける。**

……いや、笑ってはいけない。ジョージ・ワシントン・カーヴァーは、アメリカ南部出身の植物学者だ。豆というありふれた植物の活用法をいくつも発明し、害虫によって綿花が大きな打撃を受けて崩壊寸前になった南部の経済を救ったことで知られている。

彼もまた、自然の神聖なメッセージを聞くことができた存在だ。**カーヴァーは、アメリカ人で初めてイギリスの王立職業技能検定協会のメンバーになっただけでなく、三人のアメリカ大統領とも友人になった。**

カーヴァーは複数の学位を持ち、いくつかの大学で教えていたが、それでも宇宙の見えない力を信じていた。

彼の名声を高めることになる「科学的」な発見は、すべて神の力、または私の呼び方ではFPの力のおかげだと全面的に認めていた。カーヴァーは早朝の散歩を欠かさなかった。毎朝、かなり長い距離を歩いた。そのときに自然とつながり、さまざまなアイデアをもらっていた。ピーナッツや大豆、サツマイモを原料にした食品を一〇〇種類以上も発明することができたのも、すべて植物が教えてくれたからだ。

カーヴァーは言う。「自然は制限のない放送局だ。神はいつでも、この自然という放送局を通じて私たちに語りかけている。ただそれに耳を傾けてさえいれば……。自然について書かれた文を読むのも大切なことだ。しかし、実際に森の中を歩き、木々の声に耳を傾ければ、本を読むよりもたくさんのことを学べるだろう」

カーヴァーは何かを発見するために苦労することはなかった。知る必要のあることは、自然と向こうから彼の前に姿を現した。「カーテンを開けてくれる神の存在がなかったら、私には何もできなかっただろう」

世界一の天才と呼ばれるアルバート・アインシュタインもまた、自然界のエネルギーとのつながりを大切にしていた。

自然でも、神でも、FPでも、呼び方は何でもかまわない。とにかくその存在は、すべての「問題」に対する答えを持っている。私たちを苦しめる「最悪の不況」も、その存在なら解決できる。偏見を捨て、「知っているつもりになっていること」を手放し、この究極の力、すべてを知っていて愛にあふれる力とつながることを目標にすると、新しい発見とすばらしい知恵が、あらゆる場所からわき出してくる。

自然との信頼関係を取り戻そう

そこで、私からの提案だ。今からあなたには、たいていの人から「ちょっとあの人はおかしい」と思われるような行動を取ってもらう。

一般的な大人なら、ペットとの会話に没頭する人はまずいないだろう。それでも、聞く耳さえ持てば、動物の世界や植物の世界など、五感で感知できる現実だけに頼っていたら絶対に気づくことができない世界は、あなたに本当にたくさんのことを教えてくれる。

もちろんこれは、恐ろしくたくさんの訓練が必要なことではない。

世界各地の先住民族にとって、自然と対話できるのは、特殊な能力でも何でもない。誰もがごく普通にやっていることだ。話し言葉を使って人間同士でメッセージを伝え合うのとまったく変わらない。彼らにとっては、「宇宙の声」を聞かないほうがむしろ変わっている。私たち文明人の世界で言えば、授業中に耳せんをしている人と同じように思われている。

心理学者のロバート・ウルフは、マレーシアの熱帯雨林に暮らす先住民のセノイ族を数十年にわたって研究した。ウルフの友人になったセノイ族のアーミードは、電話も時計もカレンダーもないのに、どういうわけかウルフがマレーシアにやってくる正確な日付がわかるという。アーミードは、ウルフが到着するちょうどその日に迎えに現れ、荷物を運んでくれるのだ。文明国に暮らす私たちには想像もできないが、セノイ族はまわりの自然のエネルギーや感情を正確に読み取る能力を持っている。ウルフの目には、それがまるで超能力のように映った。

また、セノイ族には、「恐怖」や「不安」といった感情がまったくない。そのことに興味を持ったウルフは、友人のアーミードに弟子入りし、ついに彼らと同じ境地に達することができた。分析的な思考を黙らせ、「すべての命の連帯」を体験することができたのだ。

セノイ族ならごく普通に持っているこの深いつながりを、私たちは本やオーディオ教材、セミナーなどを通じて、必死になって取り戻そうとしている。セノイ族の暮らす熱帯雨林は、最終的にブルドーザーによってすべて破壊されてしまった。しかしウルフが書いた『原初の知恵（Original Wisdom）』を読むと、この自然との信頼関係は、取り戻すことができるとわかる。

かつてはシリコンバレーのIT専門家で、現在は獣医や自然保護官と協力してアニマル・コミュニケーターとして働くアンナ・ブライテンバッハによると、動物でも人間でも、心と心でメッセージを伝え合う技術は元から脳に組み込まれている。テレパシーのコツは、心を開き、つながろうとすることだ。

自然と一体になれば、すべての問題は解決する

二〇〇五年一二月一四日、「サンフランシスコ・クロニクル」紙に雌のザトウクジラの記事が掲載された。カニ漁の網に引っかかって動けなくなっていたところを、救助隊が何

時間もかけて網をほどいて助けたという。クジラは自由になると、うれしそうにぐるぐると泳ぎ回り、それから助けてくれたダイバー一人ひとりのところへ行き、体をこすりつけてから目をじっとのぞき込んだ。ダイバーたちは深く感動し、彼らの一人は「人生を変える体験だった」と言っている。

また、あるアフリカ象の群れは、彼らの世話をしたトレーナーが亡くなると、死者に敬意を表するために集まってきた。不思議なことに、トレーナーはすでに引退し、その象たちとは何年も会っていなかったが、それでも象たちはどこからかトレーナーの死のことを知り、長い距離を歩いて彼の家までやってきて、家を取り囲んだのだ。

実験6の取り組み方

今から三日間、普段ならニュースを見たり、新聞を読んだり、フェイスブックを巡回したりする時間を使って、家の近所を散歩する。そのとき、携帯は絶対に持っていかないこと。これは、あなたと大いなる自然だけの時間だ。

すべてを注意深く観察し、身の回りの草木や動物から何か大切なことを教えてもらえると信じる。彼らの絶え間ない振動を感じ取り、そこにあるメッセージを読み取ろうとする。

それ以外のニュース（たとえば、アフリカで最近起こった飢饉《ききん》など）は、この実験中のあなたにとってはどうでもいい情報だ。……いや、わかっている。「でも、それってちょっと冷たいんじゃない？」と言いたいのだろう。

でも実際は、自然界を尊重し、自然界とつながるのが、いちばん思いやりのある態度なのだ。


現実的に考えてみれば、アフリカの飢饉に対してあなたにできることはほとんどない（できることと言えば、心配や罪悪感といったネガティブな感情を宇宙に送り出すことぐらいだろう）。しかし、自分の近所に対してできることならたくさんある。そして、すべての人が宇宙のエネルギーと一体になれば、アフリカの飢饉だって簡単に終わらせることができる。

自分の身近な人たちをよく観察してみよう。知らなかった一面を見つけてびっくりしよう。まるで初対面の人のように興味を持って見てみよう。

朝日を浴びる。夕日をじっくり見る。
そして、朝日から夕日までの間、すべての貴重な瞬間を存分に感じ取る。
鳥の声を聞く。
ペットからのメッセージを受け取る。
月の満ち欠けにもくわしくなる。
そして、誰かに月齢を尋ねられたら、すぐに答えられる人になろう。

実験レポートシート

■命題：新月からのメッセージの命題

■セオリー：注意して耳を傾ければ、エネルギーのフィールドが持っている神秘の情報を教えてもらうことができる。

■質問：もしかしたら私は、自分の人生とは何の関係もない情報にばかり注目しているのだろうか？　そしてそのせいで、人生を変えるような知恵や教えを見逃しているのだろうか？　もしかしたら、自然界が私宛にメッセージを送ってくれているのだろうか？

■仮説：自然のサイクルやリズムと深くつながるほど、私のエネルギーや喜びも大きくなる。

■所要時間：72時間

■今日の日付：＿＿＿＿＿＿＿＿　**時間**：＿＿＿＿＿＿＿＿

■答えを受け取る期限：＿＿＿＿＿＿＿＿

■実験開始の言葉：今から72時間、私はニュースをすべて遮断する（もちろんフェイスブックも見ない）。その時間を使って近所を歩き、身の回りの自然から送られてくるニュースを探す。大切なメッセージが送られることを期待し、積極的に探す。

■実験メモ：＿＿＿＿＿＿＿＿

実験7

予言者の命題

ミーム：私が何を言おうと関係ない。ただ見たものに反応しているだけなのだから

ワールドビュー2・0：豊かさや喜びを否定するようなことを言うのをやめれば、豊かさと喜びが私の人生に流れ込んでくる

思考の次にコントロールするべきもの

もしかしたら聖書の時代は違ったかもしれないが、私の知るかぎり、人気の職業ランキングに「予言者」の項目はなかったはずだ。

でも、**もしあなたが自分の未来を知りたいと思うなら、予言の助けは必要はない。自分**

の言葉に耳を傾けるだけでいい。

あなたは普段、自分の未来や、これからの人生について、どんな言葉で語っているだろうか？　たとえば、「今日はすばらしい一日になりそうだ」とか、「物事はたいていうまくいく」というような言葉を使っているなら、明るい未来が約束されている。

それなのに、たいていの人は言葉が持つ魔法を正しく活用していない。不注意な言葉を、まるでパーティの紙吹雪のように気前よくばらまいている。たとえば次のような言葉だ。

・「インフルエンザと風邪の季節だね。たぶん私もかかるんだろうな」
・「ありとあらゆるダイエット法に手を出したけれど、まったくやせない」
・「私ってすごいバカ。いったい何を考えていたのだろう？」

今の段階では、私たちのほとんどが、頭の中のおしゃべりをコントロールすることはできない。それでも、口から出る言葉に注意することならできるはずだ。

ユニティ・チャーチの元牧師のウィル・ボウエンは、二一日間まったく不平不満を言わないという方法を提唱している（『もう、不満は言わない』サンマーク出版）。彼自身が、この方法を試してみたとき、自分があまりにも文句ばかり言っていることに気づいてショックを受けたそうだ。不平不満、噂話や悪口、批判は一切言わないと決めた最初の二週間で、目標を達成できた最長記録はたったの六時間だった。牧師としての訓練を受けているボウエンでさえこうだったのだ。

最終的に、ボウエンは二一日間という目標を達成できた（挑戦を始めてから数か月もかかったそうだ）。彼の物語は人々の間に広まり、「ピープル」誌の記事になった（筆者は私だ）。テレビの人気トーク番組にも出演した。たくさんの人が彼の提唱する方法に挑戦し、不平不満を言うのをやめた効果を続々と報告してくれるようになった。

慢性的な体の痛みが消えた人、人間関係を修復した人、キャリアが向上した人、などなど。そして何よりも、挑戦した人はみな、幸福感を高めることができた。

とはいえ彼らも、ボウエンと同じように、自分がいかに何も考えずに機械的に発言しているかということに気づき、びっくりしたという。たとえば「調子はどうですか」と尋ねられると、ただ反射的に「元気です。あなたはどうですか？」と応じる。誰かの大おばさんがすい臓ガンだと聞けば、何も考えずに「それはお気の毒です」と答える。

成功している人たちは「言葉」の使い方を知っている

私の妹は小学生のころ、人間にはそれぞれ割り当てられた言葉の量があると信じていた。そのため、いつも慎重に言葉を選んで使っていた。自分に割り当てられた分を使い果たしてしまうと、死んでしまうか、または口がきけなくなると信じていたからだ。

ありがたいことに、今の妹は、言葉はいくら使ってもなくならないということを知っている。それでも、使う言葉を慎重に選ぶというスキルは、私たちも活用することができる。

人は誰でも、朝起きたときに、その日を祝うこともできるし、呪うこともできる。また は、現状を嘆くために言葉を使うこともできるし、状況をいいほうに変えるために言葉を使うこともできる。友達に片っ端から電話をして、自分をまったくほめてくれない夫の文句を言うこともできるし、夫と出会って恋に落ちたときの話をすることもできる。どちらも本当の話だが、話の持つエネルギーはまったく違う。

夫が自分の誕生日を忘れることや、上司が自分の能力をまったく認めてくれないことの文句ばかり言うのは、パッとしない映画を何度も何度も見るのと同じことだ。最初に見るときもそれほどおもしろくないし、何度も見たからといっておもしろくなるわけでもない。好きでもない映画なら、DVDになったからといって真っ先に借りたりはしないだろう。それなのに、なぜ思い出したくもない出来事のことは、あえて何度も何度も思い出してしまうのだろうか?

嫌な気分にしかならないことを、何度も思い出してもしかたがない。かえって嫌な出来事にエネルギーを与え、その結果、同じような出来事をさらに引き寄せてしまう。むしろせっかくの言葉の力を活用して、自分を刺激する言葉、自分を励ます言葉を選んだほうがいいではないか。

ニューヨークからカリフォルニア州に行きたいなら、西に向かわなくてはいけない。言葉を使うときもそれと同じ。人生で行きたい方向に、言葉のエネルギーを送り出さなければならない。

宇宙は、マクドナルドの店員と同じ⁉

宇宙は、あなたが豊かで健康であることを望んでいる。あなたに必要なものは何でも与えたいと思っている。それなのに、「生活が苦しくてしかたがない」とか、「景気は悪くなる一方だ」と文句ばかり言っていると、宇宙のほうも、あなたが送り出すネガティブエネルギーと同じ周波数を持つものを送り返すしかなくなってしまう。

テレビのリモコンで、クーラーを動かすことはできない。それと同じように、惨めな人生の文句ばかり言っていると、豊かな人生を送ることはできないのだ。不足や貧しさのことばかり話している人のところに、豊かな人生は訪れない。文句ばかり言っていたら、物事は絶対に改善しない。

宇宙はマクドナルドの店員さんと同じだ。エッグマックマフィンを頼んでいる人に、「こちらがおすすめです」と言ってビッグマックを出すことはできないのだ。

人生というメニューには、いろいろな料理が載っている。いくつか紹介しよう。

・「ここが私の限界だ」
・「この依存症を断ち切ることは絶対にできない」
・「私にはそこまでの才能はない」
・「私には資格がない」
・「彼女をデートに誘ってもどうせ断られるに決まっている」
というものもあれば、
・「私は恵まれている」
・「必要なものはすべて宇宙が届けてくれる」
・「私はこの上なく健康だ」
・「すべてのものは無限にある」
・「宇宙は私のために新しい扉を開いてくれる」
というものもある。

言葉を正しい方向に送り出すと、障害はきれいになくなる。物事が好転し、人生がうまくいくようになる。

更年期障害に打ち勝つためにやっている、ある秘策

五〇歳になったとき、私は人生をあきらめていた。もう、昔の私はいない。自分自身で、そうまわりに宣言していた。

そう、あの恐ろしい更年期障害が私にも襲いかかっていたのだ。

年上の友人が更年期を乗りきるのをサポートした経験から、それがどんなものか、嫌というほどよくわかっていた。肌はしわができて張りがなくなる。そして、まるでジェットコースターのような感情の起伏を経験する。

独立戦争の英雄のポール・リビアが、伝令の馬を走らせて「イギリス軍がやってくる！」と知らせて回ったように、私もまた馬に乗って、「更年期がやってくる！　更年期がやってくる！」と叫んでいるような気分だった。

私は、更年期について書かれた本を読みあさっていた。ある日、その中の一冊を読んでいたとき、ついに理解した。**私は、自分の言葉と期待によって、自分の未来を創造してい**

たのだ！　私は、自分自身の中に、更年期の兆候ばかりを探していたのだ。暑さを感じるたびに、「もしかして暑がっているのは私だけ？　これが例のホットフラッシュなの？」とパニックを起こしていた。

その結果、つらい更年期を自分から招き寄せていたのだ。

そう気がついた私は急いで本を閉じると、本を貸してくれた友人に電話をした。「更年期の本を貸してくれてありがとう。でも今すぐに返しに行くわ」

あの日を境に、私の態度は一変した（もちろん、たまには決意を忘れてしまうこともあるけれど。娘のタズがその証人だ）。今の私はすべての人に向かってこう宣言している。

・「今日のあなた、とても素敵よ」
・「人生最高の日々はこれからやってくる」
・「私は日に日に若返っている」
・「私の体は健康そのものだ」

ジョエル・オスティーンは、高校時代のある友人の話をしている。その友人は、フットボール部のスター選手だった。ふさふさとした豊かな巻き毛で、まさに女子高生のあこがれを体現したような存在だった。ジョエルが「最近どうだ？」と声をかけると、彼は決まってこう答えた。「いや、どうってことはないよ。ただ年を取って、腹が出て、頭が薄くなっていくだけだ」

「彼がそのセリフを言うのを五〇〇回は聞いたはずだ」とジョエルは言う。「彼とはしばらく会っていなかったけれど、つい先日、一五年か二〇年ぶりぐらいにばったり再会したんだ。すると、どうなっていたと思う？ **彼は自分の将来を見事に予言したよ。本当に老け込んで、太って、禿《は》げていたんだ**」

鏡の正しい使い方

「もう年だ」とか「疲れて体が動かない」というようなことばかり言っていると、それがあなたの現実になってしまうだろう。

でも、文句を言うのをやめてみたらどうなるだろうか？

「私は強い。私はエネルギーに満ちあふれている。活力がどんどん増していく」と、力強く宣言するのだ。「疲れた」ばかり言っていると、本当に疲れてしまう。「気が滅入《めい》る」とばかり言っていると、さらに気が滅入る。そして、自分は太っている、体形が崩れているということばかり言っていると……、いや、この先については口に出したくもない。

自分の現状のことなんか、わざわざ口にしなくてもいい。理想の状態だけを語っていればいいのだ。

私のメンターで、私の本を出版してくれているルイーズ・ヘイは、世界で最高にすばらしい八八歳だ。彼女は鏡に向かって勝利宣言することを日課にしている。

知らない人もいるかもしれないので念のために言っておくと、鏡の正しい使い方は、「世界でいちばん美しいのは誰？」と尋ねることではない。鏡に映った自分の目をじっとのぞき込み、鏡の中の自分に向かって、**「あなたは独創的だ」**と、**考えつくかぎりのありとあらゆるほめ言葉を浴びせること**だ。**あなたは美しい。あなたは最高だ。あなたには価値がある。あなたは才能がある。**どの言葉も、ただの「美人」をはるかに超える力強い言葉だ。

友人のロンダが、ルイーズ・ヘイとシェリル・リチャードソンの講演を聴きに行ったときの話をしてくれた。講演のタイトルは「あなたは特別な人生を創造することができる」だ。鏡のエクササイズを毎日行うことを提唱しているルイーズは、講演の途中でブラジャーの中から小さな鏡を取り出すと、鏡に向かって「あら、今日もきれいね。講演はどんな感じ？」と言ったそうだ。

これこそまさに有言実行というものだ。

本当にあった話

一九七六年の映画『ピンク・パンサー3』を見た人なら、チャールズ・ドレフュス主任警部が何度もくり返すセリフを覚えているかもしれない。クルーゾーの無能ぶりに業を煮やしたドレフュスは、ついに精神科医に助けを求め、次のセリフを何度も言うようにアドバイスを受けた。

「毎日、あらゆる面で、私は向上している」

残念ながらドレフュスの助けにはならなかったようだが、この呪文のようなセリフを最初に流行らせたのは、フランス人の心理学者で薬剤師のエミール・クーエ（一八五七〜一九二六）だ。

クーエは、現在は「プラシーボ効果」として知られる現象を効果的に活用したことで有名になった。クーエは薬剤師の仕事をしているうちに、あることに気がついた。**患者に薬をわたすとき、薬の効き目を大げさにほめると、患者はたいていよくなる。そして何も言わずにわたすと、それほど劇的な効果は現れない。**

問題は薬の効き目だけではない。「この薬は効く」と信じることが、決定的な要因になっている。

クーエの伝記の一冊によると、彼の治療の成功率は九三パーセントにもなり、腎臓病から記憶障害、糖尿病、偏頭痛、それに子宮脱まで、ありとあらゆる病気を治したという。効果のなかった七パーセントは疑り深いタイプで、ドレフュス警部の例のセリフに効果があるとはどうしても信じられなかったという。

クーエ自身は、よくこう言っていた。「私は誰も治療していない。ただ、自分で自分を治療する方法を教えただけだ」。彼によると、治療に必要なのは潜在意識の思考を変えることであり、そのためには同じ言葉を何度もくり返して、潜在意識に信じさせればいい。

クーエはその当時から、心の大部分を占めている思考が現実になるということを知っていたのだ。

本当にあった話を、もう一つ

ヒューストンのレイクウッド教会で主任牧師を務めるジョエル・オスティーンからこんな話を聞いた。父親の死を受けて主任牧師の座を引き継いだジョエルは、最初は不安でたまらなかったという。「人前で話すなんてとてもできない」と思い込んでいた。

しかし彼は、それを言葉にするほど愚かではなかった。むしろ、人前で堂々と話す自分を強くイメージした。「テレビで私の説教を聞く人たちは、私の言葉に釘付《くぎ》けになる」と、自分へ言い聞かせつづけた。

先日、ジョエルはある視聴者から手紙を受け取った。手紙にはこんなことが書いてあった。「テレビで説教をしている牧師は大嫌いなのですが、妻があなたの番組を見ろとしつこく言ってきます。普段の私なら、『わかった、わかった』と言うだけで、結局はスポーツ番組を見ています。でも、ある日曜日、リモコンでチャンネルを次々と変えているときに、あなたの番組のところでリモコンがきかなくなってしまいました。何度もボタンを押してゴルフ番組に変えようとしたのですが、どういうわけかチャンネルはあなたの番組のまま動きません。わざわざ立ち上がって電池を入れ替えたりしたのですが、それでもダメです。そこで私もついにあきらめて、あなたの番組を見ることにしました。そうしたら、妻が正しかったことがわかりました。あなたの番組はとても楽しかった。でも、いちばんおもしろかったのは、あなたの番組が終わったとたんに、リモコンが復活したことです」

実験7の取り組み方

子供のいる人なら、金切り声を上げる子供にこんなセリフを言ったことがあるはずだ。
「いい子だから、言葉で説明しなさい」

この実験でも、まさにそれを行うことになる。
目に見えない次元の存在を信じ、言葉を使って人生を好転させるのだ。
次の五つのステップに従って行う。

1. 現在、人生で起こっていることは、すべて一時的であると認識する。言葉を使って永続的な現象にしなければいいだけだ。

2. 今から三日間、不平不満を一切言わないようにする。ボブ・マーリーも言っていたように、**不満は悪魔を呼び出す招待状だ**。

3. 次の言葉を声に出して言う。**「すばらしい日をどうもありがとう」「私は○○を愛している」**。○○の部分は何を入れてもかまわない。愛には特別な周波数があり、どんなに最悪の状況にも光を当てることができるからだ。

4. そして最後に、自分の口癖になっている言葉を一つ選ぶ。「腰が痛い」でもいいし、「最初のデートは苦手だ」でもいい。友達の間でもおなじみになっているセリフ、これはあなたの口癖だと誰でもわかるようなセリフを選ぶ。選んだら、次にそれと反対のことを言う。**今から三日間、口癖とは正反対の言葉をくり返す**。メリル・ストリープも顔負けの名演技で、正反対の言葉をもっともらしく言うこと。

5. この三日間で、正反対の言葉が本当である証拠を探す。

実験レポートシート

■命題：予言者の命題

■セオリー：私の口から出る言葉には、決まったワット数とエネルギーがある。前向きな言葉ばかり使うようにすれば、自分自身とまわりの人を向上させることができる。

■質問：口にする言葉を変えるだけで、人生をいい方向に変えることはできるだろうか？

■仮説：自分の言葉を注意深く観察することで、言葉によって現実が変わることに気づくようになる。

■所要時間：72時間

■今日の日付：＿＿＿＿＿＿＿＿　**時間**：＿＿＿＿＿＿＿＿

■実験開始の言葉：今から72時間、何も考えずに言葉で反応するのをやめて、口を開く前に、今から言う言葉が自分の決めた品質管理基準を満たしているか確認する。この72時間、自分に対しても、まわりの人に対しても、不平、嫌み、意地悪をまったく言わないことに成功したら、私はより高いエネルギーを感じ、自分から「いい気分」の振動が出ていることに気づくだろう。

■実験メモ：＿＿＿＿＿＿＿＿

実験8 プラシーボ効果の命題

ミーム：かわいそうな私。たった一人で孤独で、残酷な世界に翻弄されている

ワールドビュー2・0：現実は流動的であり、自分の中にもっとも深く根づいた思い込みを反映して、つねに姿を変えている

人生に苦労が多いのはなぜだろう？

この実験で証明するのは、あなたの思い込みと期待には強大な力があるということだ。

実際、思い込みとは、躍動する生命のエネルギーそのものだ。

あなたの思い込みは、現実の世界でそのまま再生される。思考は現実になる。自分の意

識を集中したものが拡大する。あなたが目にする現実は、すべてあなたの思い込みから生まれている。

自分の惨めな人生に文句を言うのは、使えないアプリが入っているスマートフォンに向かって文句を言うようなものだ。そのアプリをダウンロードしたのは、他ならぬあなただ。あなたの人生は、あなたの思い込みをそっくりそのまま反映している。

思考や意識の持つ力をきちんと理解している人はほとんどいない。

すべての思考は種であり、精神エネルギーの一単位だ。十分な意図、感情、確信を持った思考は、それが本当であってもそうでなくても、現実世界に根を張り、物質化するのである。

これは大切なことなのでもう一度言おう。思い込みは、それが本当であろうとなかろうと、現実の世界で物質化する。だから、人生は苦労の連続だと信じているのなら、その通りになる。男はみんな浮気をすると信じているのなら、それがあなたの現実になる。

人生それ自体に苦痛は存在しない。

ただ、私たちの思い込みを、鏡のように反映しているだけだ。**鏡を見たときに、口元が汚れていることに気づいても、鏡の中の顔を直そうとはしないだろう。思考と現実の関係**

もそれと同じだ。鏡に映っている「現実」を直しても、本当に直したことにはならない。現実の問題は、自分の中にある問題を映しているだけだということに気づき、思い込みを変えるしか道はない。

ある思い込みをかたくなに信じていると、人は前に進めなくなる。「でも、お金がないのは事実だもの」「うちがガン家系なのは事実だから」ということを当たり前のように信じていると、それ以外の現実がまったく見えなくなる。絶対の真実だと思い込んでしまう。でも、いわゆる「事実」だって、科学者や学校の先生やテレビが何と言おうと、ただの一つの意見でしかない。私たちの意識や思い込みが変われば、「事実」もすぐに事実ではなくなる。

あなたは、強力な魔法を台無しにしている！

思考や意識は、光り輝くスーパーパワーだ。それなのに私たちは、せっかくのパワーを無駄づかいしている。想像したり、拡大したり、創造したりするのに使うのではなく、社会の慣習からダウンロードしたデータを処理することだけに使っている。これでは、強力な魔法も台無しだ。

すべての原子、すべての分子、あなたから発せられるすべてのエネルギー波が、創造する命のエネルギーと一緒に鼓動している。それなのに私たちは、この強大な力を使って何かすばらしいものを生み出すのではなく、むしろ力を自分の敵にしてしまっているのだ。

私はこれを、「ベイビー・ヒューイの法則」と呼んでいる。ベイビー・ヒューイとは、私が子供のころに人気があったアニメの主人公だ。頭は単純だけど体は巨大なアヒルの赤ちゃんで、いつもオムツをしている。頭の中身は赤ちゃんだけど、まるでお相撲さんのように体が大きくて力持ちなので、うっかりものを倒してしまったり、家を壊してしまったりと、いつも問題を巻き起こすことになる。ヒューイ自身は、自分に強い力があることにまったく気づいていない――そして、私たちもヒューイと同じだ。

私たちの意識は、お相撲さんのように大きくて力持ちだ。でも、自分ではそれに気づいていないために、せっかくの力を無駄づかいしている。わざわざ望まない現実を作ってしまっている。

世界が今の姿のままで変わらずにいる理由は、たった一つしかない。それは、私たちがベイビー・ヒューイのスーパーパワーを使って、見たくないものばかり見ているからだ。いわゆる「問題」を分析し、根絶させようとがんばるほど、エネルギーの流れるパイプを詰まらせることになる。

物事を批判するのをやめ、空っぽの瞬間を作れば、そこに無限の可能性のフィールドが広がるだろう。

催眠術にかかった人が、ノート一冊も持ち上げられないワケ

世界の仕組みについての思い込みは、ちょうど避雷針《ひらいしん》のような役割を果たしている。自分の思い込みを裏づけるような「証拠」ばかりを吸収して、その結果、思い込みはやはり正しかったと確信を深めることになる。

ここでの問題は、前にも言ったように、エネルギーには「事実」と「事実だと思い込ん

でいるもの」の区別ができないことだ。**思い込みは、それが自分が勝手に思い込んでいることでも、文化や慣習によって思い込まされていることでも、必ず現実の世界で物質化することになる。**

たとえば、催眠術がいい例だ。催眠術をかけられた人は、たとえ氷をわたされても、「これは真っ赤に燃える炭だ」と言われれば、実際に手に火傷をする。または、たとえノート一冊でも、「これは重くて持ち上げられない」と言われれば、たった一冊のノートを机から持ち上げることができない。それに、たとえ何も食べていなくても、「あなたは今ビッグマックを食べた」と言われれば、血液検査で実際に食べたのと同じ結果が出る。

マイケル・タルボットは、『投影された宇宙』(春秋社)という傑作の中で、トムという人物の話を紹介している。

トムは催眠術をかけられ、目が覚めたら娘のローラが透明人間になっていると言われた。ローラはトムのすぐ目の前に立っていて、催眠術の儀式がおかしくてクスクス笑っていたのだが、トムには娘の姿が見えず、声も聞こえない。催眠術師はポケットから懐中時計を取り出すと、ローラの背中に押し当て、「私の持っているものが見えるか」とトムに尋ねた。トムは身を乗り出し、前に立っている娘の向こう側を透視するように見た。そして、催眠術師が持っているのは懐中時計だとわかっただけでなく、時計に掘られている刻印まで読むことができたのだ。

こういった話を聞くと、確固とした現実というものに対する信念がぐらぐらとゆらいでくる。そして、私たちが見るものや、経験するものは、もしかしたら私たちの決断が集まってできているだけなのかもしれないという考えにもつながっていく——言ってみれば私たちは、集団で催眠術にかかっているようなものだ。

薬よりも効き目がある「思考」の力

人間の思い込みや期待はとてつもなく強力だ。だからこそ、砂糖のかたまりを飲んだり、ただの塩水を注射されたり、実際は手術をしていないのにしたと言われたりするだけで、禿げ頭に毛が生えてきたり、血圧の高い人が正常値になったり、潰瘍が治ったり、ドーパミンの分泌量が増えたり、それに腫瘍が小さくなったりもするのである。

これがいわゆるプラシーボ効果だ。製薬会社にしてみればできれば隠しておきたいだろうが、それでもプラシーボ（偽薬）には、本物の薬と同じくらいの効き目がある。

つまり、治療をしているのは、私たちの思い込みだということだ。

プラシーボ効果よりもさらに不思議な現象で、ノーシーボ効果というものがある。これはプラシーボ効果の邪悪な双子で、ネガティブな期待がネガティブな現実を引き起こすという現象だ。

薬の臨床試験で、被験者にあらかじめ副作用の警告をしておくと、本物の薬ではない偽薬を飲んだ人たちも、実際に副作用の症状が出る。たとえば、ある結合組織炎の薬の試験では、プラシーボを与えられた被験者の一一パーセントが、ひどい副作用のために試験の継続ができなくなった。つまり、彼らの思考が症状を生み出したということだ。

一九九五年、東京で地下鉄サリン事件が起こったときのことだ。現場近くの病院は、吐き気やめまいなど、神経ガスに特有の症状を訴える患者たちであふれかえったのだが、患者の中にはサリンを吸っていない人もかなり含まれていたという。

また、テネシー州のある学校では、ガソリンの臭いがしてめまいを訴える生徒が出た。

学校は封鎖され、一〇〇人ほどの生徒が救急車で病院に運ばれた。そのうち三八人は入院することになった。校舎内を念入りに調べたところ、化学物質もガソリンもまったく発見されず、原因も特定できなかった――考えられる原因は、そこにいた人たちの思い込みだけだ。

もちろん、プラシーボそれ自体に効き目はない。それでもその効果はあまりにもリアルだ。気のせいで治った気がするだけでなく、実際に検査の数値まで変わるのだから。そこで私たちには、**こんな疑問がわいてくる――いわゆる「事実」とは、いったいどこまでが事実なのだろうか？**

濃厚ミルクシェイクを飲んでも太らない方法

二〇一四年の五月、ナショナル・パブリック・ラジオ（NPR）でおもしろい番組をやっていた。思い込みが精神に与える影響がどれだけ強いかという内容だ。

心理学者のアリア・クラムは、大量のミルクシェイクを作ると、半分ずつ別々の容器に入れた。一つの容器には「ヘルシー・ミルクシェイク。低カロリー、脂肪分ゼロ、糖分ゼロ、たったの一四〇キロカロリー」というラベルを貼り、もう一つの容器には「濃厚ミルクシェイク。脂肪も砂糖もたっぷり入って六二〇キロカロリー」というラベルを貼った。実際の数字は、どちらのシェイクも三〇〇キロカロリーだ。

被験者は、シェイクを飲む前と後に、グレリンと呼ばれるホルモンの数値の検査を受ける。グレリンは「食欲増進ホルモン」とも呼ばれていて、空腹になると消化器官に分泌され、「食事の時間だ」という合図を送る働きがある。そして、残念ながら食べ物にありつけなかったときは、代謝を遅らせるという働きもある。グレリンの分泌量は食事をすると減少し、「もうお腹《なか》いっぱいだから代謝のレベルを上げなさい」という合図を体に送る。

プラシーボ効果について長年にわたって研究していたクラムは、「濃厚ミルクシェイク」を飲んだ人は、「ヘルシー・ミルクシェイク」を飲んだ人に比べ、グレリンの分泌量の減少が三倍になることを発見した。

「調査の結果からも明らかなように、人間の思い込みはすべての領域に影響を与える」と、クラムは言う。**「ラベルはただの紙切れではない。ラベルは思い込みを生み出す力だ。自分が本当だと思っていることが、実際に本当になる」**

これと同じことは、食事以外にも当てはまる。ただ「ぐっすり寝た」と思うだけで、その日はずっと調子がよかったりするだろう。「実験心理学ジャーナル（Journal of Experimental Psychology）」誌に、睡眠に関するある調査報告が掲載された。学生一六四人を対象に、レム睡眠の時間を測定する装置をつけて眠ってもらう。レム睡眠の時間が長いほど、「よく寝た」ということになる。

一つのグループには、平均よりもぐっすり寝ていると告げ、もう一つのグループには眠りが浅く、レム睡眠の時間も足りていないと告げた。その後でテストを実施したところ、「ぐっすり寝た」グループは、「眠りが足りない」グループよりも実際に成績がよかった。ちなみに、彼らの眠りが実際はどうだったかということは誰にもわからない。装置は偽物で、レム睡眠の時間を計ることはできないからだ。

この実験から、私たちは何を学べばいいのだろうか？　**それは、たとえ本当に睡眠時間が足りなくても、「疲れた、疲れた」と文句ばかり言っているのは自分のためにならないということだ。**

また、ホテルの客室清掃係を対象にした実験もある。客室清掃の仕事には運動と同じ効果があるという情報を与えられただけで、一か月の間に実際に体重が減り、血圧が下がり、体脂肪率が下がったのだ。そして何の情報も与えられなかったグループは、同じ仕事をしていても、体重、血圧、体脂肪率に変化はまったく見られなかった。

本当にあった話

一九八一年、ハーバード大学のエレン・ランガー博士は、同僚たちと共同である実験を行った。

その実験とは、年配の男性だけを集めて、ニューハンプシャー州の修道院で合宿生活を送ることだ。合宿所では、一九五九年に戻ったつもりで生活する。参加者はみな七〇代か八〇代だが、二〇年以上前のものばかりに囲まれた環境の中で、実際に若くなったつもりで生活する。

参加者が寝泊まりする部屋には、当時の「ライフ」誌や「サタデー・イブニング・ポスト」誌が置かれ、白黒テレビや古いラジオが設置されている。参加者たちは、当時の大リーガーのミッキー・マントルについて語り、アメリカ初の人工衛星打ち上げ、キューバ革命、当時のソ連第一書記長のニキータ・フルシチョフ、冷戦と核戦争の脅威などについて語った。一九五九年に公開されたジェームズ・スチュアート主演の映画『或る殺人』の上映会まで行った。

この一週間にわたる「若返る実験」の前と後で、参加者たちは認知力と体力を測定する一連のテストを受けた。結果はとても劇的で、結果をある程度予測していたランガー博士さえも驚いていたほどだ。

参加者の年配の男性たちは、みな身長、体重、歩行、姿勢、聴覚、視覚が向上し、知能テストの成績までよくなった。関節の柔軟性が増し、肩幅が広くなり、指先が器用になり、関節炎の症状が和らいだ。

ランガー博士は言う。「心で思ったことに、体は必ず従う。実験が終わるころ、私は参加者たちとフットボールをした。杖《つえ》がなくても動けるようになった人もいる」

実験8の取り組み方

この実験では、プラシーボを手作りすることになる。

まず、改善したいと思っている体の不調を一つあげる。それは頭痛かもしれないし、不眠症かもしれないし、胃もたれかもしれない。または、二、三キロぐらい体重を落としたい、目の下のたるみをなんとかしたいという人もいるだろう。

これは実験なので、体の不調を治すほうが効果がわかりやすくていいだろう。しかし**プラシーボ効果は、心の問題でも同じ効き目がある**。実際、体の不調だって、原因を追及していけば、最終的に心の問題に行き着くだろう。ただ体の不調という仮面をかぶっているだけだ。しかし、ここは純粋に科学的な観点から、表に現れた体の不調を見つけ、それを記録することにしよう。

まず、コップに水を入れる。両手をこすり合わせ、熱とエネルギーを起こす。両手をコップに一五秒間かざす。これで特効薬のできあがりだ！

特効薬をゆっくりと飲む。「これで治る」と念じながら飲むこと。主治医が処方箋を書いてくれた薬だと信じるのもいいだろう。

これを三日間続ける。

ハーバード大学のエレン・ランガー博士が、数えきれないほどの実験で証明したことを思い出そう。治療しているのはプラシーボそのものではない。この薬で治ると信じたことが原因だ。ランガー博士の言葉を借りれば、「自分で自分を治療した」ということだ。

実験レポートシート

■命題：プラシーボ効果の命題

■セオリー：人間の思考は強力だ。ある現実に意識を集中するのをやめ、別の現実に意識を集中するだけで、実際の現実も変えることができる。

■質問：プラシーボを手作りすることはできるだろうか？

■仮説：手作りしたプラシーボを３日続けて飲めば、私は気になる症状を改善する、または完全に治療することができる。

■所要時間：72時間

■今日の日付：＿＿＿＿＿＿＿＿　**時間**：＿＿＿＿＿＿＿＿＿＿＿＿＿＿

■結果を確認する日付：＿＿＿＿＿＿＿＿＿＿＿＿＿＿＿＿＿＿＿＿

■実験開始の言葉：たしかに途方もない話だけど、私はこれから自分のためのプラシーボを手作りする。そのプラシーボを３日続けて飲み、望みの治療効果が得られるかたしかめる。

■実験メモ：＿＿＿＿＿＿＿＿＿＿＿＿＿＿＿＿＿＿＿＿＿＿＿＿＿＿

実験9 「やった！　月曜日が来た！」の命題

ミーム：人生は最低だ。しかも最後には死んでしまう
ワールドビュー2・0：人生は奇跡に満ちている。しかも私は死なない

宇宙の真実へ続くドアを開けよう

子供のころいちばん好きだったアニメは「原始家族フリントストーン」だ。主人公のフレッド・フリントストーンは、ペットの恐竜のディノに何度もだまされているのだが、それでもフレッドが家から閉め出されるたびに私は大笑いしていた。そして、フレッドと一緒になって「ウィルマーーーー！」と叫ぶのが大好きだった。

この命題は、私の大好きな石器時代人にちなんでいる。家の中に入りたくて叫んでいたフレッドと同じように、私たちもまた、もう一つの世界、内なる神聖な場所をのぞき見たいとお願いすることになる。宇宙の真実はたしかに存在するけれど、手の届かないところにあると感じることが多い。この実験では、その真実を手に入れる。

今から七二時間、あなたはフレッド・フリントストーンのようにドアを叩《たた》く。深遠な宇宙の真実を、ほんの一瞬でもいいから見せてもらえると信じながら、ドアをドンドンと叩く。自分が何者なのかを教えてくれる真実、人生の意味を教えてくれる真実だ。

ほとんどの人が、人生は鏡の迷宮のようなものだと思っている。現実のゆがんだ姿や幻想ばかり見ていて、自分が濃厚なエネルギーに取り囲まれていることにまったく気づいていない。そのエネルギーが、まるで豊かな川の流れのように、自分の中を流れていることにまったく気づいていない。

このフィールド、この愛を発信しつづける聖なる放送局は、いつでもそこにある。私たちの手によって、存在が明らかになることを望んでいる。私たちの力を借りて、自分を表現したいと思っている。私たちという存在の根底には、このエネルギーがある。すべてはこのエネルギーを通して可能になる。

ここで一つ種明かしをしよう。そのエネルギーから閉め出されていると感じるのは、単なる思い込みだ。家の外で、ドアをドンドン叩きながら「ウィルマーーーー！」と叫んでいるのは、人生を恐怖というレンズを通して見ているからであり、自分で勝手に作った思考回路を通して解釈しているからだ。

まるで強迫観念のような思い込みに支配され、自分から生きづらい状況を作ってしまっている。私たちの意識は、大昔に放送されたフリントストーンの再放送ばかりしている。でも、私たちはフレッドと同じで、自分で自分を家から閉め出している。**無限の豊かさと愛から私たちを切り離しているのは、他ならぬ私たち自身だ。**豊かさも愛も、本当はまるで空気のように身近な存在なのに。

この真実、この光を放つエネルギーが、私たちを導いてくれる。私たちを癒し、必要なものはすべて届けてくれる。私たちはただ、真実に身をゆだね、ドアを開けるだけでいい。

たった一文字の違いが、人生に大きな変化を与える

次の二つの文で違うのはたった一か所だけだ。

「おばあちゃん、食べよう!」

「おばあちゃんを食べよう!」

しかし意味はまったく違う。一つはほのぼのホームドラマで、もう一つは人食いだ。

そして、この実験で証明するのもそういうことだ。何かをほんの少し変え、自分のエネルギーの振動を偉大なFPにほんの少し近づける。

FPに限界はない。私たちを支配する物理法則からもまったく影響を受けない。だから、あなたの四次元ポケットに入っているいちばん役に立つ道具は、あなた自身の思考や感情だ。自分の思考や感情や意識を、FPと一体にするのだ。

自分が発するエネルギーの振動が、クリアで、オープンで、愛にあふれているとき、人生はすべて順調に流れていく。しかし、ゆがんだ周波数で振動していると、まさに苦労の連続という状態だ。ほとんどの人が、エネルギーは目に見えないと思っているだろう。常識的に「見えない」とされているものは、すべて見えていない。しかし、それを見ることができたら、私たちが「問題」と呼んでいるもの、それが健康問題でも、人間関係の問題でも、お金の問題でも、すべてブロックされたエネルギーにすぎないということがすぐにわかるはずだ。

自分が発するエネルギーの振動は、フィルターの役割を果たしている。自分のためになると思うものを通過させたり、「こんなことはありえない」と思うものをはじいたりしている。そのエネルギーの振動を、クリアで幸せな振動に変えると、人生が魔法のようにうまくいく。奇跡を起こすことだってできるだろう。

それに、**ワールドビュー1・0が何と言おうと、自分の周波数を改善するほうが、どんな物理的な努力よりもずっと効果がある。**

念のために言っておくが、これは単なる詐欺まがいの都合のいい話ではない。たしかにFPとつながれば今の何倍も気分がよくなるけれど、いい気分になるだけで終わる話ではない。量子物理学の教え（まだ完全には理解されていないけれど）に基づく、れっきとした科学的な法則だ。

飛行機の機首を、予定航路からほんの一度ずらすだけで、目的地からかなり離れた地点に到達してしまう。一度ずらしたまま一〇〇キロ飛んだだけで、予定航路から丸々一マイル（約一・六キロ）も離れてしまう。

それをロサンゼルス国際空港からニューヨークのJFK国際空港までのフライトに当てはめると、たった一度の違いのせいで、目的地から六四キロも離れた、氷のように冷たい大西洋の真ん中に到着することになってしまう。

私は小さな違いが大きな違いにつながることを知っていたので、この本の契約書の言葉にもかなりこだわった。

最初は「『もし』販売部数がある数まで達したら」となっていたのを、「販売部数がある数まで達したら」と変えてもらったのだ。こうすることで、私は自分の未来を変えた。自分が使う言葉や、まわりの人たちが使う言葉に注意深く耳を傾けていれば、たとえ引き寄せの法則を実践している人でも、目標達成につながらないような言葉がよく出てくることに気づくだろう。

重箱の隅をつつくようなことを言うなと思うかもしれないが、でもこういう小さなことこそが重要なのだ。思考や言葉のパターンを修正するだけで、すぐにでも正しい軌道に乗ることができる。

変化は本当に小さくていい。たった一つの言葉を変えるだけでもいい。しかし、それが人生に与える影響は絶大だ。

奇跡を起こす六つの思考パターン

［小さな変更❶］「〜しなければ」を「〜できる」に変える

何かをする必要があるときは、「嫌だけどしなければ」と考えるのではなく、「それをするチャンスが手に入った」と考える。「嫌だけど仕事に行かなきゃ」や「嫌だけど妻と話をしなければ」「嫌だけど健康診断の結果をもらいに行かないと」と言う代わりに、「仕事に行けるぞ」「妻と話をするチャンスだ」「健康診断の結果がもらえる」と言うようにする。たったそれだけで、あなたの人生という飛行機の航路が大きく変わるだろう。

前からこんなよくない噂を耳にしている。世の中にはどうやら、自分の仕事が嫌いな人がいるらしい。彼らは休日が終わりに近づくと、せっかく翌日から仕事ができるというのに、逆に気分が沈むという。それに、心臓発作が起こるのがいちばん多い曜日は、どうやら月曜日のようだ。これもきっと仕事に関係しているのだろう。

私の今日の仕事——考えてみれば、仕事という言葉はまったくしっくり来ない。なぜなら私は、自分の仕事のすべてが大好きだからだ。それはともかく、私の今日の仕事は小さな変更の例を提供することなので、ここでは**「TGIM」という考え方を提唱したい。**よくある「TGIF（やった、今日は金曜日だ！）」ではなく、「TGIM」は「Thank God It's Monday」、つまり「やった、今日は月曜日だ！」という意味だ。

月曜日の朝、目が覚めたら必ずこう言うようにしよう。「さあ、今日から仕事に戻ってまたお金を稼げるぞ！　最高だ！」

［小さな変更❷］「どうしようもないよ」を「他に何ができるだろう？」に変える

自分をしばっていたルールから自由になり、学校で習ったすべての「事実」を忘れ、家族や社会から学んだすべての思考や行動のパターンを捨てると、まったく違う現実が見えてくる。

今日の人生が昨日とまったく同じに見える理由はただ一つ。それは、あなたのエネルギーがそこだけに集中しているからだ。一つの知覚のパターンを確立し、そのパターンばかりくり返しているからだ。「すでに知っているもの」ばかりに集中しているから、身近なところで起こっているすべての奇跡を見逃している。

昨日と同じものばかり見ようとするのではなく、「何か新しいものはないかな？」と考

えてみる。ごっこ遊びをする子供のように、昨日と違う自分になってみよう。そもそも私たちが「現実」だと信じているものも、実は「今のところこれが本当だと信じる」と決めたものにすぎないのだから。

現実を見たままの姿で受け入れるのではなく、次のように考えてみよう。

・「次の瞬間にどんなことが起こるだろう?」
・「知っていることをすべて手放したら、何が可能になるだろう?」
・「思い込みをすべて捨てたら、人生はどう変わるだろう?」
・「すべてが一〇〇パーセント完璧だったらどうなるだろう?」

[小さな変更❸]「なぜ私はこれができないの?」を「もし〜だったら?」に変える

「なぜ私はこれができないの?」と考えるたびに、役に立たないデータが蓄積されていく。でも、質問を変え、考え方を変えるだけで、今までとは違う情報、もっとはっきり言えば今までよりも役に立つ情報が入ってくる。

前向きで、自由な発想を促すような質問をすることを習慣にすれば、右脳が鍛えられ、潜在意識からのシグナルを敏感に察知できるようになる。「もし〜だったら?」の質問の例をいくつか紹介しよう。

・「もしガンがすぐに完治するようになったら？」
・「もし明日目が覚めたときに若返っていたら？」
・「もし人生がずっとよくなるばかりだとしたら？」
・「もし毎日を真っ白なキャンバスの状態から始めることができたら？」

これは一組のトランプのようなものだ。それぞれのカードが違う現実を表している。**あなたはどんな現実を選んでもいい。本当に、どんな現実でも選ぶことができる。**

「小さな変更4」「いつも足りない」を「すべてのものは無限にある」に変える

たいていの人が、すべてのものに限界があると信じている。すべての供給源である宇宙には無限の豊かさがあるのだが、私たちのほうが勝手に心配してブレーキを踏み、限られた資源を使いきらないようにしている。

友人のクララには四人の子供がいる。その子たちがまだ小さかったころ、彼女はいつも

「時間が足りない」と思っていた。でも、何年かかけて新しい現実を創造し、ついに十分な時間を手に入れた。

クララはまず、「時間はいつも十分にある」と自分に宣言することから始めた。

「本当におかしいわよね」とクララは言う。**「一日が二四時間なのは変わっていないのに、すべてが変わったの。いきなり、望んだ通りのものが手に入ったのよ。それはつまり、十分な時間ね」**

［小さな変更5］「難しい」を「簡単だ」に変える

この世でもっとも危険な言葉が一つある。その言葉を、自分の達成したい目標、たとえば「やせる」「お金を貯《た》める」「素敵な恋人を作る」などの言葉と組み合わせると、破壊力が何倍にも大きくなる。

その言葉とは、「難しい」だ。「〇〇するのは難しい」という文脈で使われる「難しい」だ（〇〇の部分には自分の難敵を入れる）。人間の思い込みにはとてつもなく大きな力があり、現実のすべての瞬間は、思い込みによって作られている。だから、「〇〇するのは難しい」と考えたり、声に出して言ったりしてしまうのは、まったくの逆効果だ。

考えたり、声に出したりするのは、「期待している」のと同じことだ。そして、難しいことを期待すると、本当にそれが難しい人生が実現してしまう。私なら、むしろ難しいことがない人生を創造したい。ドアや窓を開けるだけで、宇宙のエネルギーとすべての祝福がどんどん流れ込んでくるような人生だ。

［小さな変更❻］「私は孤独だ」を「私はすべてとつながっている」に変える

あなたはすべての人とつながっている。すべての答えとつながり、すべての欲しいものとつながっている。少なくとも、つながる可能性があることだけは間違いない。あなたは、この世に存在するすべてのものを手に入れることができる。あなたとすべてのものの間にあるつながりを切ることは不可能だ。

クリスマスの電飾を思い浮かべてみよう。電球の一つが、「私は光ってないよ。なんでこうなるの？　なんで私だけ切り離されているの？　どうやったらこの大問題を解決できるの？」と文句を言っている。でも実際は、すべての電球がつながり、光っている。

問題を解決する方法は、まず「自分には問題がある」という考えを捨てることだ。あなたはＦＰと永遠につながっているし、自分が望むすべてのものとも永遠につながっている。だから、何かを「現実化」したいのなら、その何かに意識を向けるだけでいい。意識を向けるものが何であれ、それが現実になる。子供が遊ぶゲームと同じだ。カーソルを、たとえば戸棚に合わせると、扉が開いてネズミが踊り出したり、ボールが跳ねたりする。

あなたの人生を彩るさまざまなシーンの中で、チャンスや愛のシーンにカーソルを合わせれば、それが現実になる。でも、ベッドの下の怪物ばかりにカーソルを合わせていると、怪物も喜んで現実になるだろう。**大切なのは、主導権を握っているのは私たちだということだ**。カーソルを合わせる場所を決めるのは私たちであり、どこに意識を向けるかを決めるのも私たちだ。

本当にあった話

もしあなたが、この地球上でスーザン・ボイルの名前を聞いたことがない五人の中の一人なら、ここでぜひ彼女の紹介をさせていただきたい。

スコットランド人のメゾソプラノで、グラミー賞の授賞式でコメディアンのスティーヴン・コルベアから「実用的な靴をはいた四八歳のキャットレディ」と紹介されたスーザン・ボイルは、まさに超越の瞬間を体現した存在だ。

スーザンは九人きょうだいの末っ子として生まれた。父親は炭鉱労働者で、一家は食べていくのがやっとの生活だった。彼女は一九六一年の四月一日に生まれた。分娩《ぶんべん》中に問題が起こり、脳に酸素が十分に行きわたらなかった。そのため医師たちは、知能に障害が残り、まともな人生を送れないだろうと両親に告げた。彼女は学校でいじめにあい、「おバカのスージー」というあだ名をつけられた。

学校を出るとコックの見習いになったが、長続きしなかった。ずっと両親の家に住み、一九九〇年代に父親が亡くなり、そして二〇〇七年、スーザンが四六歳のときに母親も亡くなった。その一年後、まだ悲しみの癒えないスーザン・マグダレイン・ボイルは、「ブリテンズ・ゴット・タレント」というテレビのオーディション番組に出演する。他の出演者より何十歳も年上で、それに見た目もさえなかった。スコットランド訛《なま》りもきつく、とてもじゃないが人気歌手になりそうな人には見えなかった。

今ではすっかり有名になったあのグラスゴーでのオーディションまで、彼女は地元の教会でしか歌ったことがなかった。あんなに大勢の人の前で歌ったのは初めてだった。それに、一人でバスに乗ったこともなかった。オーディションに向けて故郷のブラックバーンを出発するとき、最初は違うバスに乗ってしまったほどだ。

彼女がステージに立つと、有名音楽プロデューサーのサイモン・コーウェルをはじめとする審査員たちはまったく興味を示さなかった。どこにでもいる普通のおばさんに見えたからだ。見た目もパッとせず、緊張している。きっとすぐに忘れられる存在だ。

彼女はミュージカル『レ・ミゼラブル』から「夢やぶれて」を歌った。その歌が終わらないうちから観客は総立ちになった。満場の拍手が鳴りやまなかった。あの毒舌サイモン・コーウェルでさえ言葉を失うほどの、すばらしい歌声だった。

それから九日のうちに、このオーディションの映像はユーチューブでの再生回数が一億回を突破した。その数か月後にスーザン・ボイルのデビューアルバムが発売されると、世界中で大ヒットした。イギリスでは、デビューアルバムの売上げ歴代一位の記録を作った。

スーザンはあれ以来、イギリス女王の前で歌い、オプラ・ウィンフリーの番組で歌い、ローマ法王のベネディクト一六世の前で歌った。大ファンだったダニー・オズモンドやエレイン・ペイジと共演し、そしてあの奇跡のオーディションから一年もしないうちに、アメリカの「タイム」誌で「世界でもっとも影響力のある人物」の七位に選出された。

そして言うまでもないことだが、今の彼女はもう貧しくない。

スーザンの人生を見ればわかるように、**どんなに長い間、宇宙の無限の豊かさから切り**

離されていても、どんなに自分が平凡だと感じていても、そんなことはまったく関係ない。医者の言葉だって、いじめっ子につけられたあだ名だって関係ない。どんな仕事をしていても、または仕事をしていなくても関係ない。それに、たとえバスに乗り間違えたって関係ない。まわりの人ほど若くないし、見た目もさえないと思っていても関係ない。

あなたは奇跡を起こすことができる。超越の瞬間を経験できる。むしろ、それは必然だ。あなたがFPとつながっているのは、明日の朝も太陽が昇るのと同じくらい確実なことだ。

実験9の取り組み方

頭の中で絶え間なく続くおしゃべりを黙らせることができるのなら、この実験は必要ない。あなたは神聖なささやきの中で暮らし、ささやきの存在に完全に気づいている。それは、どんどん拡大しつづける善の真実だ。

とはいえ、たいていの人は、物事はそんなに簡単ではないと思い込んでいる。正しい手順を踏まなければいけないと考えている。でも、宇宙のエネルギーは、今すぐに活用することができる。エネルギーはすぐそこにあり、平和と愛と喜びで私たちを包んでいる。

この実験の目的は、何かを手に入れることではない。手放すこと、真実のありのままの姿を見ることが目的だ。この実験を正しく行うには、自分の中にある恐怖を手放さなければならない。現実は恐ろしい、または現実は思い通りにならないという間違った考えを、いったんは忘れなければならない。この実験は、ただ何かを探すのではない。むしろ、本物ではないものをすべて焼き尽くすバーナーのようなものだ。

それでは、手順を見ていこう。

1．誠実に、熱意を込めて、超越の瞬間をくださいとFPにお願いする。はっきりと超越だとわかる経験を要求する。超越という言葉の定義は難しい。哲学者のカントは、「向こう側へ行くこと」と表現しているが、とにかく壮大な概念なので、言葉で正確に描写するのはほぼ不可能だ。それでも、これだけは確実に言える――実際に経験すれば、それが超越の瞬間だとすぐにわかるだろう。

2．今から三日間、鏡を見るたびに、自分の目をじっとのぞき込み、この言葉を唱える。

「これは本当の私ではない。私はこの限定された肉体よりもずっと大きな存在だ」。たったこれだけで、あなたの現実がいくらか拡張するだろう。

3. 自分は深く愛されている、大切にされている、豊かさに囲まれていて、欲しいものは何でも手に入ると心の底から信じる。まるでふかふかのカウチに寝転がって沈み込むように、この贅沢な感覚で全身を包む。

4. 自分が発するエネルギーの振動に注意を向ける。思考を黙らせることができれば、自分の体の中を流れるエネルギーの振動音が聞こえてくるだろう。私はこの音を「ザ・ビッグ・ハッピー」と呼んでいる。

5. 興奮状態にある思考から自分を切り離すと、大きな流れに身をゆだねることができる。凝り固まっていない、流動的な感覚だ。そしてあなたの体は、ニュートラルな無限の可能性の海の中に沈んでいく。

実験レポートシート

■命題：「やった！　月曜日が来た！」の命題

■セオリー：目に見えないエネルギーの力、無限の可能性のフィールドはたしかに存在する。

■質問：目に見えない命の川が本当に存在するなら、私の人生の青写真を提供してくれるエネルギーのフィールドが本当に存在するなら、なぜ私はその存在に気づかないのだろう？　そのフィールドとつながることは可能だろうか？

■仮説：真実を教えようとしている宇宙のエネルギーへの抵抗をやめれば、人生の本当の姿を垣間《かいま》見ることができる。

■所要時間：72時間

■今日の日付：＿＿＿＿＿＿＿＿＿＿　**時間**：＿＿＿＿＿＿＿＿＿＿＿＿＿＿＿＿

■実験開始の言葉：さて、FP、これはあなたの栄光の瞬間だ。私は超越の瞬間を体験して、フィールドとのつながりを実感したい。聞いた話では、超越の瞬間は、経験すれば必ずそれだとわかるという。今から72時間、私はアンテナの感度を上げて、命の川の存在を垣間見ることができると信じつづける。

■実験メモ：＿＿＿＿＿＿＿＿＿＿＿＿＿＿＿＿＿＿＿＿＿＿＿＿＿＿＿＿＿＿

おわりに

ボーナス実験 10　水をワインに変える命題

やった！　あなたは最後までやり遂げた。ということはつまり、パーティでお祝いだ！　大騒ぎして、紙吹雪をまいて、ダンスをしよう。さあ、お祭りだ！

あなたはどうだか知らないけれど、少なくとも私の住む世界では、これだけ大きなお祝いには大人の飲み物がつきものだ。

私たちはもう、「私は犠牲者だ」「私には何の力もない」という古くさい態度をきれいさっぱり捨ててしまったのだから、**そろそろ水をワインに変えてもいいころだ**と思う。

そう、これは上級者向けの実験だ。

まあ、まあ、落ち着いて。たしかに水をワインに変えるなんて、いかにも「あっちの世界」の人が言いそうなことだ。それは私にもわかる。でも私は、意識が新しい可能性を認識しなければ、それはずっとできないままだということも知っている。たとえば、かつて人類が一マイル（約一・六キロ）を四分以内で走るのは不可能だと考えられていた。しかし、一九五四年五月六日、ロジャー・バニスターがついに一マイル四分の壁を破る。それ以来、四分の壁は他の人たちによって何度も破られてきた。だから、ワールドビュー1・0では無理だと決めつけられているからといって、絶対にできないと信じるなんてナンセンスだ。

そこで私は、ここに「一マイル四分のルール」を提唱したい。このルールは、「誰か一人ができたのなら、他の人もできる」という意味だ。そして水をワインに変えることなら、すでにある人物がやっている。

新約聖書の「ヨハネによる福音書」の二章一節から一二節に、カナの地で行われた婚礼の場面が出てくる。聖母マリアは、ユダヤ人の母親らしい世話焼きっぷりを発揮して、ワインが足りなくなったのでなんとかしなさいと息子のイエスに言いつけた。イエスも最初はしぶっていたが、こちらもユダヤ人の息子なので母親に頭が上がらない。そこで、六つの水がめに水をいっぱいに入れるように頼むと（水は近くの井戸で簡単に手に入る）、無限の可能性を持つＦＰとつながり、水という一つの現実を、別の現実に変化させた。水の分子構造を、ワインの分子構造に変えたのだ。

あの時代にワイン専門誌が存在したら、きっと九九・九点を獲得しただろう。それぐらいおいしいワインだったと言われている。

噂《うわさ》によると、厳格なキリスト教徒の中には、イエスが水から作ったのはワインではなくブドウジュースだったと信じている人たちもいるようだが、ここはパーティなのでやっぱり上質なワインのほうがありがたい。

本当にあった話

中国の気功の達人は、ブランデーの味を変えることができる。気のエネルギーを使って、ブランデーをさらに精製するのである。世界的に有名な気功師で、ニューヨーク在住のロバート・ペンによると、ブランデーの味を変えるのは簡単で、たとえ初心者でもできるという。実際、自身のワークショップで教え、著書の『気功のマスターキー（The MASTER KEY: Qigong Secrets for Vitality, Love, and Wisdom）』にも方法を書いている。

ペンは実験で二杯のブランデーを使うことをすすめている。変えたほうと、変えなかったほうの味の比較ができるからだ。彼によると、びっくりするほど違う味になるという。

ペンはこう言っている。「自分の意思の力だけで、一分以内にアルコールの味を変えることができるなら、自分について害になるようなことを何度も何度も考えていると、いったいどんなことが起こるだろうか。また、そうやって自分がネガティブなエネルギーを発していたら、まわりの人にはどんな影響があるだろう。**私たちは、大気汚染、水質汚染、電磁波、騒音の問題にはとても敏感なのに、自分の意識がまき散らす『汚染』についてはあまりに無頓着ではないか**」

頭の中で考えていることと、外側の世界はつながっているとペンは言う。だから私たちのネガティブな思考は、目に見えない「血染めの指紋」をあちこちに残しているのだ。

実験の方法

今から紹介する手順は、ロバート・ペンの『気功のマスターキー』から「意思の力をマスターする」という項目のエクササイズ11を参考にした。

1. ワイングラスに水を入れ、自分の目の前に置く。
2. 両手を二〇秒間、強くこすり合わせる。グラスの左右から三〇センチほど離れた場所に、手のひらを内側に向けて手をかざす。両手のひらの間に気のフィールドを作る。二〇秒間そのままで、自分のエネルギーがグラスの中の液体を通過するのを感じる。
3. グラスを持ち上げる。自分の手からまぶしい光が出ているようすを思い浮かべる。光が液体を通過し、さらに遠くまで届いている。自分のエネルギーの流れを感じる。水がワインに変わるようすを思い描く。そして一分間、自分のエネルギーを送りつづける。
4. 自分の指先から金色のエネルギーのビームが出ていると想像する。その「気」の力を使って液体をかき混ぜ（カクテル用語を使えば「ステア」する――ジェームズ・ボンドには「ステアせずにシェイクで」と言われてしまいそうだけど）、精製する。グラスの中に送り込まれた気が、水を変質させるのを感じる。そのまま一分間、静かで落ち着いた笑顔を浮かべながら、同じ状態を続ける。
5. 人差し指と中指を使って、ペンが言うところの「指の刀」を作り、エネルギーをグラスの中に封印する。
6. さあ、乾杯して飲み干そう！

実験レポートシート

■命題：水をワインに変える命題

■セオリー：誰か一人ができたことなら、他の誰でもできる。

■質問：水をワインに変えることは可能だろうか？　もし本当にイエスがそれをしたのなら、私にもできるだろうか？

■仮説：気の力を使って、ワイングラスに入れた水をワインに変えることができる。

■所要時間：３分間

■今日の日付：＿＿＿＿＿＿＿＿＿＿　**時間**：＿＿＿＿＿＿＿＿＿＿＿＿＿＿＿＿

■実験開始の言葉：指示通りに実験を行い、実験後に開く楽しいパーティのようすを思い描こう。

■実験メモ：他の実験ではここは空欄になっているが、今回は私があなたの代わりに書いてあげよう。だって、パーティの最中にしかめっ面でメモを取りたくなんてないでしょう？　あなたたちはみな、実験に最後まで付き合ってくれた。偏見のない広い心を持ち、古くさい常識を打ち破る私の戦いに一緒に参加してくれた。その気持ちをずっと忘れないでもらいたい。今の勇気を忘れずに、冒険を続けよう。この本で紹介した原則を使って、誰も通ったことのない道を探検しよう。さて、それでは、お店に行って、ワインで乾杯だ！

謝辞

感謝したい人は少なくとも七〇億人はいる（つまり、この地球に暮らすすべての人だ）。すべての人が飢えることなく、住む家があり、平和的に共存することが可能なこの時代に生きることができて、心からうれしく思う。

いちばん欲しいものに対して「ありがとう」と言うことの効果を信じているので（そうすれば欲しいものが現実になる）、ここで地球上のすべての人に対して「ありがとう」と言いたい。闘うのではなく、一緒にダンスをすることを選んでくれてありがとう。批判するのではなく、愛することを選んでくれてありがとう。実現可能なことから逃げるのではなく、新しい可能性に心を開いてくれてありがとう。

七〇億人の中の特別な何人かの人たちについては、ここで個別に感謝の言葉を述べたいと思う。感謝の気持ちが大きすぎてこのページに収まりそうもないが、それでもなんとか挑戦してみよう。

・すべてを実現してくれたリード・トレイシー
・世界に向けて発言してくれたルイーズとウエイン
・卓越した編集者のアレックス・フリーマン

・忍耐強く、タイプFの性格のジム・ディック
・シェリダン一族のすべての人たち。全員が集まれば、七〇億人のかなりの部分を占めるだろう
・ドナ・アベイト、ダイアン・レイ、パム・ホーマン、ステイシー・スミス、そしてヘイ・ハウスの新しい友人たち全員
・ヴォーテックス・グループの仲間たち
・一緒に宇宙のパワーを探検する仲間たち（リンダ・グワルトニー、カーラ・ムンマ、アノラ・チャリティ、エリザベス・スティアーズ、ダイアン・シルヴァー）。一緒にすばらしい毎日を体験してくれてどうもありがとう
・スピリチュアルの起業家たち（誰のことだか本人はおわかりだろう）
・少なくとも五年はコーヒーとおしゃべりに付き合ってくれたジョイス・バレット
・いつも完璧なタイミングでマティーニに誘ってくれるロンダ・バージェス
・いつもいちばん忠実な読者でいてくれるウェンディ・ドルーエンとキティ・シア
・「奇跡のコース」のいちばんの同志、ベティ・シェファー
・『こうして、思考は現実になる』を読んでくれたすべての人たち。あなたたちのおかげで、二〇一三年は人生で最高の年になった――もちろん、今のところは、だけど！
・そして、いちばんの親友で仲間のタズマン・マッケイイ・グラウト

訳者あとがき

本書は、二〇一四年四月に出版された『こうして、思考は現実になる』の続編です。『こうして、思考は現実になる』は、思考は現実化すること、引き寄せの法則は正しいということを、科学的な実験によって証明するという本でした。発売以来、本当にたくさんの人が実験に挑戦し、成功しているようで、訳者である私もうれしく思います。インターネットなどに投稿された実験報告を、感心しつつ楽しく読んでいます。

今回は編集者から「この本を訳してから、自分に起きた奇跡や実体験などを書いてほしい」という指令が出ましたので、私もいくつか報告させていただきたいと思います。注意して探していれば、意外と見つかるものですね。

まず一つめ。前作に出てきた、著者のパム・グラウトさんが高級ホテルに泊まったときのエピソードは覚えていますでしょうか？　フリーランスになったばかりのころに高級ホテルに泊まることにしたのはいいけれど、場違いな服しか持っていなかったので、思いきって普段の予算の四倍はするドレスを買った、というエピソードです。

「成功したフリーライターになりたいのなら、その役割を今から演じなければ」とパムさんは言っていました。

私もフリーランスの訳者なので、最後の言葉に「なるほど」と思ったわけです。ちょうど前作を訳していた二〇一三年の一二月に、福岡旅行に行くことになっていたので、「ここは一つ、成功したフリーランスのふりをしてみるか！」と、私の基準ではかなり高いホテルに泊まることにしました（ドレスは買いませんでしたが）。

そして、その四か月後に『こうして、思考は現実になる』が発売され、またたく間に話題になり、今これを書いている二〇一四年一〇月の時点で二〇万部のベストセラーになっています。

そして、二つめ。本が出版されてから、インターネットで実験報告を読んでいると、みなさんがとても楽しそうなので、私もあらためて実験をやってみる気になりました。まずは、実験1です。ここでは、「四八時間以内にあなたが存在する確実な証拠を見せて」と、FP（可能性のフィールド）に最後通告を突きつけます。

実験開始の次の日に、テレビドラマ「花子とアン」を見ていたときのことです。
そこには、のちに校長となる本多先生を演じている、マキタスポーツという俳優さんが出ていました。彼を見ていたら、ふとイギリス人ミュージシャンのニール・イネスという人を思い出したのです。

マキタスポーツさんは（みなさんご存じかもしれませんが）、俳優の他にも、ものまねや音楽のパロディのようなこともされていて、とてもクオリティが高くておもしろいのです。そして、私の思い出したニール・イネスもコミック・ソングが得意で、ザ・ビートルズの伝説のパロディ・バンドといえる「ザ・ラトルズ」の中心メンバーでもあります。私はラトルズが大好きで、二〇年ほど前によく聴いていました。

マキタスポーツさんを見て、ニール・イネスを連想したところで、ふとニール・イネスの近況が知りたくなって検索してみたら……なんと「ザ・ラトルズ奇跡の来日公演！」という情報が出てきたのです！　もし、すでに終わっていたらショックだなと思いながら調べてみると、なんと公演はこれからで、チケットもまだ買えるではありませんか！

こんなわけで、無事にラトルズのライブに行くことができました。ライブはとても楽しかったですし、実験1の最中に、たぶん一〇年以上も意識にのぼっていなかった「ニール・イネス」という言葉で検索してあの情報に行き着いたということを「すごいな」と思ったのです。

実験1では、他にも、スターバックスで当たりのレシート（好きなドリンクが好きなサイズで一杯もらえる）が出るというラッキーがありました。せっかくなので、いちばん高いドリンクを最大のベンティサイズでいただきました。

もちろん、どれも偶然だと言われれば、たしかにその通りです。私も本来は「そんなの偶然だから」と鼻で笑うようなタイプの人間です。

でも、どうせ出来事は同じなら、「いやあ、引き寄せちゃったよ。FPはすごい！」と信じたほうが、前向きで楽しい人生が送れるのではないかと思うのです。今はそう考えています。

なんだか即物的な体験談ばかり書いてしまいましたが、この『こうして、思考は現実になる②』の実験は前作からさらにパワーアップし、より高い次元へ行っています。たしかにお金はあったほうがいいし、欲しいものが手に入るのは嬉しいけれど、そんな外側の状況に左右されない本当の幸せを手に入れること、言ってみれば「幸せ体質」になることを目指しています。

今回もまた、多くの方々に実験を楽しんでいただければ、訳者としてこれほどうれしいことはありません。

最後になりましたが、本書の編集を担当してくださったサンマーク出版の池田るり子さん、武田伊智朗さん、翻訳コーディネートを担当してくださったオフィス・カガの加賀雅子さんにお礼申し上げます。どうもありがとうございました。

二〇一四年一〇月

桜田直美

Tune into Hay House broadcasting at:www.hayhouseradio.com

E-CUBED

Originally published in 2014 by Hay House Inc.USA

Japanese translation rights arranged with
Hay House UK Ltd
through Japan UNI Agency,Inc.,Tokyo

【著者】

パム・グラウト(Pam Grout)

ニューヨークタイムズ・ベストセラー作家。これまでに一七冊の著作があり、脚本を三作、テレビシリーズ一本を手がけ、二つのアイフォンのアプリを制作。「ピープル」誌、「メンズ・ジャーナル」誌、ウェブサイトの「CNNトラベル」や、インターネット新聞の「ハフィントンポスト」、自身の旅行ブログに執筆。献身的な母親で、趣味はピックルボールとクロスワードパズル。

[旅行ブログ] http://georgeclooneyslepthere.com
[ウェブサイト] http://pamgrout.com

【訳者】

桜田直美(さくらだ・なおみ)

翻訳家。早稲田大学第一文学部卒。訳書は『誰でもできるけれど、ごくわずかな人しか実行していない成功の法則　決定版』(ディスカヴァー・トゥエンティワン)、『こうして、思考は現実になる』(小社)、『中国臓器狩り』(アスペクト)、『10年後の世界』(角川書店)、『アンネ、わたしたちは老人になるまで生き延びられた。』(清流出版)など多数。

こうして、思考は現実になる②

2014年12月25日　初版印刷
2015年 1 月10日　初版発行

著　　者　パム・グラウト
訳　　者　桜田直美
発 行 人　植木宣隆
発 行 所　株式会社サンマーク出版
　　　　　東京都新宿区高田馬場2-16-11
　　　　　電話　03-5272-3166
印　　刷　共同印刷株式会社
製　　本　株式会社若林製本工場

定価はカバー、帯に表示してあります。落丁、乱丁本はお取り替えいたします。

ISBN978-4-7631-3392-2　C0030
ホームページ　http://www.sunmark.co.jp
携帯サイト　http://www.sunmark.jp